PICKNICK

weltweit und kreativ

Geschichte, Tipps, Anregungen & Rezepte

Roland W. Schulze

BoD-Verlag - BOOKS on DEMAND

Impressum

Buchtitel: PICKNICK - weltweit und kreativ
                      - Geschichte, Tipps, Anregungen & Rezepte -

Autor: Roland W. Schulze

Erscheinungsjahr: Herbst 2018

ISBN: 9-783748-151326

Verlag: Books on Demand GmbH
                      In de Tarpen 42
                      22848 Norderstedt
                      Deutschland
                      Tel. Zentrale: +49 40 – 53 43 35-0
                      https://www.bod.de/
                      Buch-Shop https://www.bod.de/buchshop/

- erschienen als **eBook** (in deutsch und DRM geschützter-Version)

- eine Übersetzung ins Englische, sowohl für die eBook- wie auch für die Taschenbuchversion ist in Arbeit und wird im Frühjahr 2019 erscheinen.

- auch als **gedrucktes Softcover-Taschenbuch**
  im DIN A 5-Format, 228 Seiten, ca. 400 Bilder, davon 32 Seiten in Farbe
  - direkt beim BoB-Verlag über den ONLNE-SHOP (s.o.)
  - oder assoziierten Verlagshäusern
  - oder beim Autor direkt oder über www.picknick-bremen.de

Vorwort

Ich, der Autor Roland W. Schulze, werde inzwischen oft gefragt, wie ich denn darauf gekommen bin, ein so umfangreiches Buch zu „Picknick" zu schreiben.

Die Antwort ist ganz einfach:

Wir hatten eigentlich beide die Idee. Wir, das sind Jens Emigholz und Roland W. Schulze, beide aus Bremen. Auf dieses Freizeit-Thema sind wir gekommen, als wir Material über „Picknick" für eine Beratung zu einer Existenzgründung zusammengetragen haben. Als Berater mussten wir uns erst einmal dieses Thema erarbeiten. Und die Recherche wurde von Tag zu Tag spannender und wir haben viele interessante Fakten zu Picknick kennengelernt, die uns bis dato völlig unbekannt waren. Dabei haben wir „Feuer" an Picknick gefangen und Neugier und großes Interesse erfahren

Wir haben auch herausgefunden, dass in den letzten Jahren bundesweit eine regelrechte „Renaissance der Picknick-Kultur" auflebt. Der Start dieser Renaissance fand eigentlich 1989 beim „Pan-Europäische Picknick" in Ungarn statt und dem Fall der Deutschen Mauer und der darauf folgenden Deutschen Wiedervereinigung. In den Folgejahren verbreitete sich die Picknick-Kultur erst einmal in den Großstädten München, Berlin, Hamburg und Köln. Inzwischen ist die Picknick-Begeisterung bundesweit zu spüren.

Der „Bazillus" und die Begeisterung für dieses Freizeit-Vergnügen hat uns dann auch befallen und so betreiben wir inzwischen mit dem Unternehmen „Picknick-Bremen" seit 2016 die bisher einzige Picknick-Korb-Vermietung in Bremen (Stand 11/2017).

Natürlich haben wir sofort eine Internetseite und einen Shop errichtet und um das Thema Picknick im WEB zu promoten. Dann habe ich, Roland W. Schulze, als Ex-Journalist und Schreiberling eine kleines 26 seitiges eBook zum kostenlosen download aus dem Internet verfasst.

Der Titel „Anleitung zum erfolgreichen Picknick" hat viele User und Besucher angesprochen und so konnten wir innerhalb der ersten 12 Monate ca. 900 Downloads unseres kleinen eBook verzeichnen.

Weil die Reaktionen auf die erste Version unseres kleinen eBooks so erfolgreich war, habe ich mich entschlossen, eine erweiterte und umfangreichere Version aufzulegen, quasi ein „Grundlagenwerk zu PICKNICK", das bisher noch nicht auf dem Markt verfügbar war!

Somit war die Idee für dieses Buch geboren!

Bei uns, also bei Picknick-Bremen, werden die stylischen Picknick-Weidenkörbe, aber auch komfortable Picknick-Rucksäcke, immer mit leckeren Speisen und erfrischenden Getränken gefüllt, aber auch mit umfangreichem Picknick-Zubehör aus unserer „Picknick-Welt" ergänzt und ausgestattet.

Neben der „Grundausstattung" mit Weidenkorb oder Rucksack, ergänzen wir, im Mietverhältnis, die Ausrüstung jeweils um eine spezielle Picknick-Decke, eine Kühltasche mit Kühl-Akkus und ein Outdoor-Spiel. Weiteres interessantes Zubehör kann über unseren ONLINE-Shop ergänzt werden. Speisen und Getränke sind lecker und gesund, und weil die Speisen in Mehrweg-Schraub-Gläsern verpackt sind, gibt es auch keinen Müll – Vermeidung ist eben besser, als Recycling!

Mit einem Bestell-Vorlauf von 24 Stunden (das ist notwendig, weil wir immer nur tagesfrische Produkte verwenden) sind bei uns Picknick-Ausstattungen für kleine Gruppen, aber auch für Unternehmensabteilungen, Praxen und Institute zu mieten.

Der Korb mit dem Zubehör wird später einfach zurückgegeben. Damit entfällt jegliche Vorbereitung bei unserem Kunden, wie auch die spätere Nachbereitung, sprich die Reinigung der Körbe, Behältnisse und der Decke - das alles gehört zum umfassenden Service von Picknick-Bremen!

Mit dieser Buch-Version wollen wir die Informationen, Tipps und Anregungen der ersten 26 seitigen eBook-Version zu einem umfangreichen Nachschlagewerk erweitern und wünschen allen Lesern viel Spaß beim Lesen und natürlich auch beim Picknicken!

Weitere Informationen über „Picknick-Bremen" findet Ihr (sorry- wir Picknicker „duzen" uns eben!) im Internet: auf unserer Homepage unter www.picknick-bremen.de

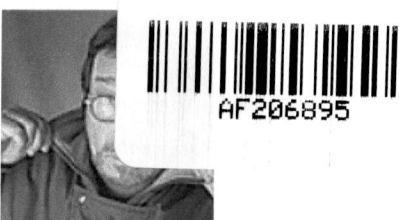

AF206895

Jens Emigholz
Herausgeber

Prof. Roland W. Schulze
Autor und Herausgeber

Urheberrecht, Copyright, Kontaktadresse, Fotoquellen, etc.

Autor und verantwortlich für die Inhalte im Sinne des Presserechts ist
Prof. Roland W. Schulze, DIVA-Systems, Nansenstr. 29, 28217 Bremen
info@diva-systems.de

Unsere Adressen: „Picknick-Bremen" ist ein gemeinsames und partnerschaftliches Projekt von:Jens Emigholz GmbH, Jens Emigholz und DIVA-Systems, Prof. Roland W. Schulze in Bremen

Herausgeber ist „Picknick-Bremen" info@picknick-bremen.de **mit:**

Jens Emigholz, Jens Emigholz GmbH, Utbremer-Straße 43, 28217 Bremen,

Prof. Roland W. Schulze, DIVA-Systems, Nansenstr. 29, 28217 Bremen

Autor und verantwortlich für die Inhalte im Sinne des Presserechts ist

Prof. Roland W. Schulze, DIVA-Systems, Nansenstr. 29, 28217 Bremen
info@diva-systems.de

Wir sehen hier ein 60ziger Jahre-Picknick mit der Picknick-freundlichen „Ente", dem 2CV,
deren Sitze sich mit je einer Flügel-Schraube ausbauen ließen
und als Picknick-Möbel einsetzbar waren!

Inhaltsverzeichnis

1. Vorwort vom irischen „Picknick-Forscher" Greg McKinsley

Ich fühle mich sehr geehrt, dass ich hier ein paar einleitende Worte schreiben darf! Ursprünglich in Irland geboren, lebe ich nun schon seit fast 60 Jahren in Deutschland und beschäftige mich als Kulturwissenschaftler sehr intensiv mit dem aktuellen Freizeitverhalten in Deutschland, in Europa und in der gesamten Welt.

Heute bin ich bereits 85 Jahre alt, fühle mich aber oft viel jünger und bin immer noch aktiv (auch mit Picknicks)!

Greg McKinsley

Vielleicht ist es ja sogar der kulturelle Abstand zwischen Irland und Deutschland, der mich sehr sensibel gemacht hat, Unterschiede im Freizeitverhalten schon im Ansatz zu spüren, dann zu beobachten und auch wissenschaftlich zu analysieren.

Draußen mit Bekannten und Freunden in der freien Natur zu sitzen, zusammen zu Essen und zu Spielen und sich angenehm zu unterhalten, das ist so eine alte Freizeitveranstaltung und die heißt weltweit „Picknick", egal wie es in vielen Ländern geschrieben sein mag.

Als Kulturwissenschaftler und Soziologe habe ich bereits schon im Jahre 1956 ein Buch über diese Freizeitkultur verfasst, mit dem Titel **„Why Picnic?"** und bin schon damals zu interessanten Ergebnissen gekommen!

Bei einem zünftigen Picknick, orientiert am viktorianischen Original, resultieren die folgenden Effekte.

Fahrrad-Picknick mit Korb

Eine Picknick-Veranstaltung ist für Geist und Organismus der Teilnehmer jeden Alters höchst gesund und förderlich, weil:

- *es mit „Bewegung"zusammenhängt, meist einen Ausflug beinhaltet und allein schon der Standort-Wechsel sehr beruhigend wirkt, die Gesamt-Situation der „Ent-Schleunigung" in dieser hektischen Zeit dient, es meist im Grünen stattfindet, da ist allein schon die Umgebungsfarbe höchst beruhigend,*

- *es in einer höchst kommunikativen und sozialen Zusammenkunft mit mehreren Personen stattfindet,*

- *es zusammen mit dem Genuss köstlicher Speisen, vielleicht auch gemeinsamer sportlicher Betätigung stattfindet entsteht eine hohe und soziale Interdependenz!"*

Wer also Picknick noch nicht kennt, sollte es schleunigst kennenlernen, denn Picknick macht Spaß und ist gesund!

Viel Spaß bei Lesen

and happy picnicing!

Euer Greg McKinsley

Anmerkung des Autors: Ich habe sehr lange nach einer Person gesucht, die sich schon lange, intensiv und auch wissenschaftlich mit „Picknick" beschäftigt hat und ich bin außerordentlich froh, dass ich Greg McKinsley begeistern konnten, als Berater in unserem Projekt mitzumachen und uns zur Seite zu stehen und ich hoffe, dass Greg uns noch lange Zeit zur Verfügung steht!

2.   Definition: Was ist eigentlich „Picknick"

2.1. Abgrenzung zur Essenspause, zum Grillen und zum Camping

Die Enzyklopädie **WIKIPEDIA** im Internet definiert:

„Ein Picknick ist eine gemeinschaftlich im Freien eingenommene Mahlzeit, von 2 bis X Personen. Fast immer ist ein Picknick verbunden mit einem Ausflug, einer Wanderung oder einer Ausfahrt. „Zuhause im Garten" wird man daher kaum ein traditionelles Picknick veranstalten. In diesem Zusammenhang häufig verwendete Utensilien sind der Picknick-Korb, die Picknick-Decke und das Picknick-Geschirr, wobei hinter diesen Begriffen nicht zwingend eine besondere Beschaffenheit stehen muss."

Der klassischer Weiden-Picknick-Korb   Ein aktueller Picknick-Rucksack

Eine **Essenspause** ist eine wirklich kurze Unterbrechung einer Wanderung, einer Rad-, Reit- oder Auto-Tour. nur zum Zwecke der Nahrungsaufnahme.

Camping hängt immer zusammen mit „Übernachtung fernab von Zuhause", draußen Leben im Zelt, im Wohnwagen oder dem Wohnmobil, frei und inmitten in der schönen Natur oder auf einen ausgewiesenen Campingplatz.

Bei **Grillen** steht immer das Essen im Vordergrund. Ist das Essen auf dem Balkon, der Terrasse oder dem Garten zu ende, trennt man sich wieder.

Beim **Picknick** besteht das Essen immer aus kalten Speisen und kann beliebig oft unterbrochen und wieder fortgesetzt werden.

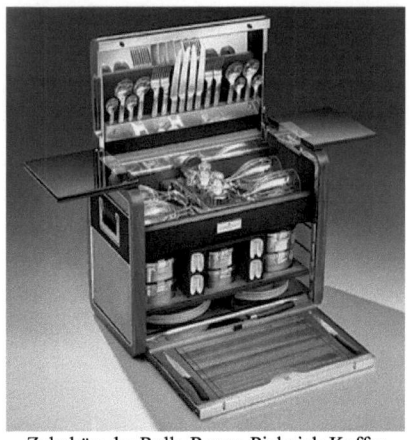

Dass inzwischen oft Picknick mit Grillen „verwässert" oder ergänzt wird, will ich jetzt hier nicht vertiefen. Es werden ja inzwischen schon „Picknick-Grills" angeboten. Das sind kleine, leicht transportable Kugel-Grills. Wer das verbinden mag, der soll es machen. Fakt ist, dass die Kommunikation beim Picknick immer im Vordergrund steht.

Zubehör: der Rolls-Royce-Picknick-Koffer

Eigentlich braucht man für Picknick keine besondere Ausstattung. Im Kapitel 14.1. weiter unten, zeige ich, was man aus dem Haushalt alles für ein zünftiges Picknick mitnehmen und mitbenutzen kann.

Aber es gibt natürlich spezielle Picknick Ausstattungen, welche den Freizeitspaß optimieren kann.

Das Spektrum einer speziellen Ausstattung reicht hier von preiswerten Körben und Koffern mit billigem Kunststoff-Geschirr und Kunststoff-Bestecken, bis hin zu edlen und aufwendig produzierten Weiden-Körben oder Picknick-Koffern aus Edelholz, mit echtem Porzellan-Geschirr, Kristall-Gläsern, Silberbestecken und Silber-Dosen zur Aufnahme der Lebensmittel.

Heutzutage gehört zur o.g Ausstattung auch eine Kühlhalte-Möglichkeit, z.B. eine Kühltasche mit gefrorenen Kühl-Akkus und ein Outdoor-Spiel.

Somit reicht die Preisspanne für eine Basis-Ausstattung mit Korb, Geschirr, Kühltasche, Spiel und Decke von insgesamt 40 Euro, bis hin zum edlen Picknick-Koffer, etwa als Zusatzausstattung für den aktuellen Rolls-Royce im Wert von über 15.000,00 Euro (siehe oben).

Das Essen hat bei Picknick ursprünglich einen anderen Stellenwert, als beim Grillen. Jeder Teilnehmer bringt zum Picknick kalte Speisen und Getränke mit, die der Gesamtheit aller Teilnehmer zur Verfügung gestellt werden. Allein schon der Tausch von Speisen und Getränken ist ein „legaler Mundraub" und wird oft zum Gesprächsgegenstand („Was hast du da anzubieten? Wie hast du das gemacht?") und damit zum Starter der Kommunikation zwischen den Teilnehmern.

Ebenso nutzen die Teilnehmer oft das Treffen zu gemeinsamen Outdoor-Spielen, wie Boccia, Ball-Spielen, Federball, Wikinger-Schach, etc.

Diese Picknick-fähigen Spiele sind im Regelwerk oft sehr einfach gehalten und können damit von breiten Bevölkerungsgruppen zusammen gespielt werden, von Jungen und Alten, von Laien und Spiele-Profis, etc. ohne dass der Spielspaß an banalen Spielabläufen leidet und langweilig wird.

Klassisches, victorianisches Picknick aus dem frühen 19. Jahrhundert

Als Soziologe komme ich zu folgender erweiterten Definition:

„Picknick ist also eine Freizeit-Aktivität, die schon mit der Anreise zu einem Ziel beginnen kann und hat eigentlich immer mit „Bewegung und Mobilität" zu tun.

Es ist ein zusammengesetztes Ereignis, bei dem sich die Gewichtung bzgl. angenehmer Teilnehmer, interessanter Örtlichkeit, leckerem Essen und Essenstausch, kurzweiligen Spielen, intensivem Reden erst im Erleben der Gesamtveranstaltung ergibt."

Oft lädt man Freunde und Bekannte ein und macht zusammen eine Tour, einen Ausflug, meist auch zu einem definierten Zielort.

Man trennt sich auch nicht sofort nach dem Essen, sondern ein Picknick kann sich schon über mehrere Stunden hinziehen und auch Essenspausen, sprich Unterbrechung des Essens sind erlaubt.

Eigentlich entspricht so der gesamte Ablauf immer noch den Grundprinzipien von Königin Victoria, der englischen Königin aus dem frühen 19. Jahrhundert: man verabredet sich, trifft sich irgendwo in der freien Natur, jeder bringt etwas zu Essen und zu Trinken mit und man genießt zusammen das Umfeld und die geladenen Personen.

2.2. Was für Picknick-Arten gibt es?

2.2.1. Das kulinarische Picknick

Wer bei Picknick an hart gekochte Eier, Frikadellen und lauwarmes Bier aus Dosen denkt, der ist irgendwann in den 70er Jahren stecken geblieben.

Obwohl, etwas aufgepeppt kann auch ein 70er Revival-Picknick durchaus seinen Charme haben. Man denke nur an die reizenden, aufwendig ausgestatteten

Ein Picknick nur mit Delikatessen

Picknick-Körbe, die es zu kaufen gibt. Es steht eine riesige Auswahl kulinarisch ausgefeilter Picknick-Rezepte bereit, was wir nicht zuletzt der boomenden Fingerfood-Szene zu verdanken haben. Wenn auch die Zubereitung gern etwas aufwendig sein darf, vor Ort muss es bequem und ohne viel Werkzeug zu genießen sein.

Also, ein letzter Blick auf die Wettervorhersage und auf geht´s mit dem Picknick-Korb zum Genießen unter freiem Himmel. Wenn also leckere, nicht gerade alltägliche Speisen gereicht werden, dann ist das ein überwiegend kulinarisches Picknick und das ist sicher ein tolles Geschmackserlebnis!

2.2.2. Das romantische Picknick zu zweit

Auf alle Fälle muss der Ort, an dem das Picknick stattfinden soll ,z.B. ein romantisches Plätzchen sein,oder ein Ort mit einer tollen Aussicht.

Oder es kann auch ein Ort mit ausgefallener Natur sein, in einem spektakulären Botanischen Garten, an einem idyllischen See, an der Nord- oder Ostsee, auf einem Boot, einem Schiff, in oder mit einem Oldtimer, etc.

Für Verliebte: ein Mondschein-Picknick

Ein stylischer Picknick-Weidenkorb muss dabei sein. Dann gehören Speisen und Getränke dazu, die ihr gerne esst oder die ihr noch nicht kennt, aber neugierig darauf seid, sie kennen zu lernen, denn „Liebe geht bekanntlich durch den Magen!"

Eine Decke, Kissen, ein Musikplayer mit Box für die Lieblingsmusik und wenn es dann in die Abendstunden geht, dann brauchen wir noch Windlichter oder Fackeln.
Ein Mitternachtspicknick, mit einer wärmenden Ausrüstung, um gemeinsam Sternschnuppen zu beobachten und sich bei jeder Sternschnuppe einen

Wunsch für die Zukunft zu überlegen, bei einem Schluck Sekt oder heißen Punsch ... das könnte es doch sein – oder?

Obligatorisch gehört eine Flasche Sekt und zumindest eine Packung „ Mon Cherie" dazu, oder selbstgemachte leckere Pralinen, etc.

2.2.3. Das künstlerische Picknick

Das jährliche Klassik-Konzert der Bremer Kammer-Philhar-monie in Knoops Park in Bremen ist eigentlich ein „künstlerisches Picknick": man lauscht der Musik und macht gleichzeitig ein Picknick vor der Bühne.Aber auch Picknicks mit bildenden Künstlern haben schon mehrfach stattgefunden, z.B. regelmäßig in Darmstadt, wo Künstler ihre Werke zeigen und zu einem Picknick-Plausch einladen.

Künstler-Picknick in der Darmstädter Innenstadt

2.2.4. Das spontane Picknick

Völlig ungeplant, mit so einer Laune, aus dem heiteren Himmel heraus und dem Ausspruch „lass uns doch eben ein Picknick machen" - das ist wahre Spontanität!

So wie etwa: „... nach dem Shopping plagte uns der Hunger und zufällig fuhren wir auf einer Nebenstraße am Flughafen vorbei.

Mal wieder ein spontanes Picknick machen!

Im Paderborner Lidl deckten wir uns schnell noch mit Picknick-Essen ein, eine Decke haben wir immer im Auto und nach einem kurzen Spaziergang über ein paar Feldwege, saßen wir sodann auf einer Wiese und genossen die Aussicht. Ich kann euch diesen Platz nur empfehlen.

Autor: Danke Dagmar, für die tolle Geschichte!

2.2.5. Das Motto-Picknick

Man kann aus einem Picknick eine richtige Veranstaltung machen, die man unter ein Motto, also ein Thema stellt.

Das Spektrum der zur Verfügung stehenden Möglichkeiten reicht von der Speisen-Zusammenstellungen länderspezifischer Art, mit oder ohne Kostüme für die Teilnehmer, bis hin zu: Picknick aus einer bestimmte Epoche nachspielen, etc.

Bayrisches Picknick	Picknick für Hundegeburtstag	Wirtschaftswunder Picknick
Speisen: Brezn, Radi, Obatzda, Kas, Salat und ein Bier, mit Dirndl und Lederhosen, Musik: „Hubert von Goisern und die Almkatzen"	Rotwein, diverse Käsesorten und Baguette für das Herrchen/Frauchen - für den Hund: Bio-Hundekuchen, ein Wurfspielzeug, Wassernapf	Speisen: russische Eier, Toast Hawaii, Käse-Igel, „Tomaten-Fliegenpilze", Mai-Tai, "Kalter-Hund", Kullerpfirsich und natürlich Ahoi-Brause oder mit anderen Speisen und Getränken aus dieser Zeit

Das geht schon mit 2 Teilnehmern; es macht aber mehr Spaß, mit mehreren Personen.

Hier sollen nur ein paar Beispiele dargestellt werden, um die eigene Ideen-Findung zu unterstützen.

2.2.6. Das antizyklische Picknick

Alle denken, dass man nur picknicken kann, wenn es warm ist und die Sonne scheint! Weit gefehlt – denn man kann auch Picknick machen, wenn alle anderen es gerade NICHT machen!

Um so größer ist der AHA-Effekt, wenn man mit einem stylischen Picknick-Korb, samt Geschirr, Gläsern und Bestecken, sowie leckeren Speisen und Getränken bei Bekannten auftaucht. „Antizyklisch" heißt, dass man die Erwartungshaltung der anderen umstößt und einfach etwas anderes macht, als alle erwarten.

Der Besuchskorb - hier modifiziert als Adventskorb

Konkret heißt das hier z.B., dass man **mal wieder die Oma besucht**, bei ihr Zuhause, oder im Krankenhaus oder im Altenheim und einen Korb voller Leckereien mitnimmt, die Oma schon immer mochte und heute auch noch essen darf. Oma braucht eigentlich nur heißes Wasser beizusteuern (für einen Brüh-Kaffee, oder einen Tee, oder einen heißen Grog, oder leckeren Kakao). Ansonsten bringt ihr ja alles mit und nehmt später sogar das benutzte Geschirr auch wieder zurück. Oma hat keine Arbeit damit! Es gibt noch mehr Ideen zum antizyklischen Picknick und die werden in den folgenden Kapiteln beschrieben. Der Korb hier ist der sogenannte „Besuchskorb" und zur Adventszeit heißt er „Adventskorb", weil er dann mit verschiedenen Keksen und Dresdner Christ-Stollen gefüllt ist.

Unser Korb-Inhalt besteht zum Beispiel aus:

◆   0,5l Jamaika-Rum, um mit heißem Wasser einen Grog zu machen,
◆   50g schwarze Tee-Blätter und 50g grüne Tee-Blätter,
◆   4 kleine Filterbeutel mit gemahlenem Kaffee-Pulver, das ergibt je eine Tassenportion Brühkaffee,
◆   1 Liter Bio-Vollmilch mit echtem Kakao-Pulver, das ergibt mit einer kleinen Menge heißem Wasser einen guten Kakao

Jetzt können wir zusammen ganz spontan entscheiden, welche dieser **4 Getränke** wir vor Ort bereiten und genießen werden!

Zu Essen gibt es im Korb:

- Verschiedene Kekse von unserem kreativen Bäcker, im Advent natürlich Weihnachtskekse,
- Dresdner-Christ-Stollen im Advent, oder Bremer-Viktoria zur Freimarktszeit, oder Rosinen-Brot oder Blätterteig-Stückchen, oder Bremer-Kaffee-Brot

Der Phantasie sind einfach keine Grenzen gesetzt und neben den o.g. Lebensmitteln und Getränken, kann man natürlich auch einen „Länder-Korb" mitbringen, z.B. nur mit Leckereien aus dem letzten Italien-Urlaub, oder ausnahmslos selbstgemachte Speisen und Getränke!

Spielt einfach mal mit der Idee, jemanden zu überraschen, mit Euch als Personen und mit leckeren Mitbringseln im Picknick-Korb – ohne Vorankündigung und ohne Arbeit für den oder die zu Besuchenden!

3.   Ein kurzer historischer Abriss

3.1. Picknick bei den Griechen

Das gemeinsame, geplante Essen im Freien war bereits in der Antike bekannt.

Die antiken Griechen hatten für unser heutiges Picknick den Begriff „*Eranos*". Mit „Eranos" (griechisch ἔρανος) bezeichneten sie u.a. eine „Vereinigung, die Beiträge zu einem bestimmten Zweck leistet, z. B. für ein gemeinsames Festmahl".

Der griechische Dichter Homer benutzte in der „Odyssee" schon „Eranos" zur Bezeichnung eines einfachen, gewöhnlichen Mahles mit regelmäßigen Teilnehmern, die dazu auch ihren Beitrag an Speisen leisteten.„Eranos" im heutigen Griechisch bedeutet eine konkrete Spendensammlung oder eine Fundraising-Aktion. Leider gibt es, außer dem Eranos-Stein, einem Hinweisstein auf einen Eranos-Platz (rechtes Bild), keine weiteren Darstellungen des griechischen Picknicks auf antiken Vasen oder als Reliefs auf Marmortafeln – Schade!

Griechischer Markierungsstein zum „Eranos"

3.2. Picknick bei den Römern

Die alten Römer pflegten diese, von den Griechen übernommene Veranstaltung und nannten es *„Prandium"*. Dieses Wort aus dem Lateinischen bezeichnete bei den Römern ein zweites Frühstück, das gegen 12 Uhr mittags unserer Zeit eingenommen wurde.

„Prandium" - das römische Picknick als gestickter Gobelin

Gegessen wurden dabei meist kalte Speisen wie Käse, Feigen, Oliven und Nüsse sowie Gemüse, Eier, Pilze und Früchte oder aufgewärmte Reste von der „Cena" (der Hauptmahlzeit am späteren Nachmittag) vom Vortag, wie Pökelfleisch, Schinken oder Schweinskopf. Danach (post prandium) schloss sich meist die Mittagsruhe an oder, sehr beliebt war auch der Besuch eines Bades an.

Selbst heutzutage wird dieses Römer-Picknick wieder veranstaltet: in der Stadt Xanten, am Niederrhein, fand 2015 (oder MMXV wie es der Römer schreibt) ein großes Picknick-Event nach altem römischen Vorbild statt, als **"GeoXantike"** mit über 12.000 Zuschauern, Teilnehmern und Akteuren. (http://geoxantike.de/begleitende-events/picknick/).

Das Plakat zum Römer-Picknick in Xanten im Jahre 2015

Das römische Picknick in Xanten war eingebettet in das Programm "Vom Indianerdorf zur Römerstadt" und u.a. mit umfangreichen GeoCaching-Aufgaben bestückt.

Es fand am See statt, gegenüber des „Archäologischen Parks Xanten" und

die Besucher waren aufgefordert, Picknick-Körbe mit leckeren Speisen, Getränken und Picknick-Decken mitzunehmen und gemeinsam diese Veranstaltung zu gestalten und zu genießen (siehe links).

Picknick in Xanten am Rande der historischen, römischen Befestigungsanlagen

Aber selbst in der Bibel wird „Picknick" schon erwähnt: bei der „wunderbaren Brotvermehrung" befahl Jesus Christus dem Volk, sich ins Gras zu lagern, *„und sie aßen alle und wurden satt"*. Das sind sicherlich die Wurzeln und die Urform eines gemeinschaftlichen Picknicks.

Selbst im Mittelalter speisten Reisende oft notgedrungen außerhalb von Gasthäusern, aufgrund der großen Distanzen für die Pferdefuhrwerke und den spärlichen Gasthäusern und Herbergen. Die Übernachtungs- und Essensmöglichkeiten lagen oft mehrere Tagesreisen auseinander und da blieb nur die Picknick-Möglichkeit und Übernachtung in Zelten oder privaten Herbergen.

3.3. Picknick in Landwirtschaft & bei der Jagd

In der Landwirtschaft war es schon immer üblich, während der stundenlangen Arbeit auf dem Feld, zwischendurch eine Essenspause einzulegen und Mitgebrachtes zu verzehren.
Meist brachte die Bäuerin und ihre Mägde Speisen und Getränke, sowie Geschirr direkt auf den Acker und das Mahl fand gemeinschaftlich und oft ohne jeglichen Standesdünkel in der freien Natur statt.

Bäuerliche Essenspause bei der Landarbeit

Auch während einer herrschaftlichen Jagd wurde zwischendurch oft im Freien eine gemeinschaftliche Mahlzeit eingenommen. In der Zeit des Barock wurde das Essen im Freien als Sommervergnügen in Adelskreisen populär, vor allem im 17. Jahrhundert in Frankreich, dem Land, das sich gerne als **„Erfinder des Picknicks"** bezeichnet. Die Engländer erheben ebenfalls den Anspruch „die Wiege des Picknicks" zu sein. Wer nun aber wirklich das „Erfinderland" war, ist nie geklärt worden!

3.4. Picknick im 19. Jahrhundert

Besonders beliebt aber wurde das Picknick in der Folgezeit, im 19. Jahrhundert, also im Empire in England, im sogenannten victorianischen Zeitalter (1837-1901).

Und das nicht nur, weil Ihre Majestät es liebte, draußen zu speisen, sondern weil mit der Industrialisierung die Städte immer überfüllter und verdreckter wurden und eine kleine Abwechslung draußen in der Natur willkommen war. Das Adelsleben war anscheinend langweilig und Picknick war eine willkommene Veranstaltung.

Der klassische Picknick-Korb, der sowohl das Essen als auch eine Decke, Geschirr und Besteck enthalten konnte, kam erst im frühen 19. Jahrhundert in Großbritannien auf.

Hier gehörte im Empire zum Picknick in jedem Fall auch ein Tee-Bereitungsset, so dass, vor der Erfindung der Thermoskanne, oft noch ein tragbares Kochgerät (ein Stövchen mit Kerze oder ein Brennspiritus-Kocher) mitgenommen werden musste.

Der victorianische Picknick-Korb von 1875 (rechts) zeigt die damalige Standard-Ausrüstung: Gabeln und Messer, eine Teekanne samt Stövchen, Behälter für Milch und Zucker und eine kleine Dose für Kekse, keine sonstigen Lebensmittel!

Meist brachte Königin Victoria diesen Korb mit und hatte alle anderen Gäste (adlige Verwandte und Freunde des Hofes) angewiesen, reichlich kalte Speisen mitzubringen, die sie dann genüsslich zusammen austauschen und verspeisen wollten.

Victorianischer Picknick-Korb um 1875

3.4.1. Wie picknicken heute die Engländer?

James Tissot - La Partie Carrée , ca. 1870

Die Engländer veranstalten ein Picknick oft rund um eine Veranstaltung. Bei Pferderennen, wie etwa in Ascot, bei Tennis-Tournieren, etc. gehört ein Imbiss im Grünen zur Tradition.

Engländer bewahren im Gegensatz zu Kontinental-Europäern auch beim Picknicken die Form: beim Outdoor-

Imbiss an einem der großen Anlässe, sieht man nicht selten Smoking, lange Kleider und Damen mit großen Hüten. Bei informelleren Picknicks darf es zwar sportlicher sein, aber wirklich nie nachlässig oder banal!

Plastikgeschirr und -besteck sind auch heute bei einem gepflegten Picknick auf der Insel absolut tabu. Eingepackt wird Porzellan-Geschirr, Kristall-Gläser, Silber-Besteck, Stoff-Servietten und natürlich ein schottisches Woll-Plaid, also eine Sitz-Decke!

Auch heute noch wird Picknick in England mit vielen Outdoor-Ereignissen gekoppelt und hat zumindest als Ausruh-Pause einen großen Stellenwert. Das ist zum Beispiel beim Pferderennen in Ascot oder beim Tennisturnier in Wimbledon auch der Fall.

Picknick-Pause beim Cricket-Spiel

Auch bei der beliebten Sport-Art „Cricket" ist in den Regeln eine 20-minütige Teepause festgelegt, in der ein Imbiss im Freien eingenommen wird, also ein Picknick als integraler Bestandteil des Spieles. Dabei geht es von einfachen Picknicks auf Decken, über Tisch-Bank-Kombinationen (wie auf dem Bild links), bis hin zu großen Tischtafeln, selbst unter Einbeziehung der Zuschauer, Freunde, Verwandte, usw.

3.4.2. Die „andere Seite" von Picknick"

Aber nicht nur die Upper-Class war Picknick-begeistert. Picknick stand in der Neuzeit für „Freiheit von ...", denn damals flüchteten die Einen von Haus- bzw. Hof- Etikette, während die Anderen unbeobachtet von Polizei und Geheimdienst ihre Treffen planen wollten.

Dazu nutzen sie natürlich auch konspirative Picknicks.

In seinen **„Briefen aus dem Krieg"** schreibt António Lobo Antunes von

„... Rebellen Revolutionäre und rasputinischen Kräuterhändlern mit der Flasche in der Hand und in Hemdsärmeln, zu sehen auf verblichenen Fotos von konspirativen Picknicks ...".

Auch das **„Paneuropäische Picknick"** 1989 in Ungarn war höchst konspirativ: der slowakische Schriftsteller Michal Hvorecky schrieb in der "Frankfurter Allgemeinen Zeitung":

„... Bereits einige Tage zuvor waren unter DDR-Bürgern in Ungarn Flugblätter verteilt worden. Darauf zu sehen war eine Landkarte West-Ungarns mit genauen Angaben über den Schauplatz des Picknicks, weiter eine präzise Darstellung des Grenzabschnitts bei Sopron mit jenen Punkten, an denen man die Grenze zu Österreich passieren konnte. ..."

Dieses konspirative Picknick endete mit der vorübergehenden Öffnung der Ungarischen Grenze nach Westen , geplant quasi als „Zeichen und Experiment" von maximal 3 Stunden Dauer. Bekannterweise blieb die Grenze dann offen und läutete die Wiedervereinigung Deutschlands ein.

3.4.3 Erfindungen, die mit Picknick in Zusammenhang stehen

Das Sandwich
Wahrscheinlich wurde sogar etwa gegen 1750 das Sandwich von John Montagu entwickelt, das als „belegtes Brot" für Picknicks oft eingesetzt wurde.

John Montagu, 4. Earl of Sandwich (1718–1792), war ein leidenschaftlicher Cribbage-Spieler (ein engl. Kartenspiel). Während dieser Freizeitbeschäftigung, die er nur ungern unterbrach, ernährte er sich häufig fast vierundzwanzig Stunden

Porträt: John Montagu, 4. Earl of Sandwich

Englisches Plakat mit Sandwich-Vorschlägen

am Tag von dieser Speise, bei der ursprünglich nur Rindfleisch zwischen zwei geröstete Weißbrotscheiben gelegt wurde.

Diese einfache Art kam ihm entgegen, denn er litt oft an Geldmangel und führte auch sonst ein anspruchsloses Leben. Das neue Gericht, das Sandwich, kam damals in London sehr in Mode.

Für dieses Gerücht gibt es jedoch – wie sein Biograph Rodger aufzeigt – nur eine einzige Quelle, ein Reisebuch von Pierre-Jean Grosley.

Wahrscheinlicher ist, dass er das Sandwich erfand, um während der Arbeit essen zu können, da er im infrage stehenden Zeitraum (1765) sehr beschäftigt war.

Mehr Informationen findet man unter:
http://sandwichhistory.org/twinning-with-sandwich-england/

Das Sandwich ist auch heute ein Picknick-Klassiker

Amerikanische Picnic-Isolierkanne, ca. 1900

Die Thermosflasche

Wahrscheinlich wurde sogar die Thermoskanne speziell für Picknick-Veranstaltungen entwickelt.

Zumindest erfreute sich die Thermoskanne ab dem späten 19. Jahrhundert größter Beliebtheit, denn nun konnte man z.B. heißes Wasser mitnehmen, statt es unterwegs per Stövchen oder Brennspiritus-Kocher selbst zu erhitzen

Der **englische Chemiker James Dewar** hatte bereits 1874 ein Vakuum-Gefäß in kalorimetrischen Versuchen benutzt, um Flüssigkeiten über längere Zeit sehr heiß oder sehr kalt zu halten.

Diese mittlerweile als **„Dewar-Gefäß"** bezeichneten Behältnisse waren noch aus Metall hergestellt. Erst später wurden sie aus ineinander-liegenden Glaskolben gefertigt. Zur Reduktion der Wärmestrahlung verspiegelte der Entwickler Dewar die Innenflächen der Glasgefäße.
Entsprechende Lager- und Transportgefäße stellte er 1893 vor.

Thermos-Kannen, ca. 1935

3.4.4. Wie picknickt man in Frankreich?

Ein französisches Picknick ist, im Gegensatz zum englischen Picknick, eine äußerst spontane Angelegenheit.

Dazu braucht man in Frankreich nicht viel mehr als: irgendeine Decke und eine Tasche oder ein Koffer, mindestens eine Flasche mit gutem Wein, ein Baguette, Salate, Sandwiches und gute Freunde – voilà fertig ist die Picknick-Vorbereitung.

Ob am Strand oder einem „déjeuner sur l'herbe" auf der Wiese, in einer Waldlichtung oder in einem Stadtpark – in Frankreich wird überall unkompliziert Picknick veranstaltet.

Alles was langfristige Planung angeht und womöglich noch spezielle stylische Garderobe und spezielle Picknick-Ausstattungen, das ist den Franzosen völlig egal! Im absoluten Vordergrund steht Genuss und Kommunikation mit netten Freunden und Bekannten.

Vielen Reisenden sind im Urlaub in Südfrankreich die vielen blau-weissen Hinweisschilder mit dem Aufdruck **„Aire de…",** **Rastplätze zum Pause machen**, Rasten und *picknicken*, sicher schon aufgefallen: *Frankreich* verfügt als Mutterland des Picknicks über eine Vielzahl herrlicher Picknickplätze in allen Departements.

Hinweis auf einen Picknick-Platz in Frankreich

Teilweise sind die Plätze in schattigen Wäldern und manchmal sind sogar Toiletten, Duschen und Waschräume in kleineren Häusern auf diesen ausgewiesenen Plätzen. Allerdings werden diese Plätze von der Ortspolizei gerne kontrolliert, weil man diese Picknick-Plätze nicht für Camping missbrauchen darf und daher ist dort auch eine Übernachtung, Zeltaufstellen sowie offenes Feuer verboten. Dafür gibt es ja die offiziellen Campingplätze!

4.   „Picknick heute"

4.1. Der Ursprung des Namens

Der Begriff **Pique-Nique** wurde Ende des 17. Jahrhundert ins Wörterbuch aufgenommen. Laut dem Franzosen Émile Littré, Hausgeber des *Dictionnaire de la langue française,* bezeichnet es: **„eine Mahlzeit, die dem Vergnügen dient und zu der jeder seinen Anteil beisteuert.**

Das Wort **Picknick** geht auf das französische **pique-nique** zurück, möglicherweise auch **piquenique** geschrieben. Übersetzt könnte das heißen **„picken und necken"** , aber es wird auch die Bedeutung des französischen Wortes mit **„Mahl in einem Landwirtshaus, bei dem jeder sein Essen selbst zahlt"** und mit **„Essen in einem Privathaus, zu dem jeder Teilnehmer Speisen mitbringt"** angegeben.

Es handelt sich vielleicht auch um eine Reim-Bildung aus **piquer** (stechen, auch aufpicken) und **nique** (Nichtigkeit, Kleinigkeit). Insgesamt gibt es bestimmt 5 verschiedene Übersetzungen und Deutungen; ganz eindeutig ist aber keine der Erklärungen. **Aber 1649 taucht in einem Dokument in Frankreich das der Begriff „Picknick in Paris" zum ersten Mal „offiziell" auf.**

4.2. Autos, Autoveteranen und Picknick

Wenn auch Picknick von ca. 1930 bis in die späten 50ziger Jahre scheinbar in Vergessenheit geraten war, bestand eine Picknick-Variante wirklich durchgängig und ohne Pause bis heute: **Picknick und Autos-Veteranenausfahrten, Kurztrips, Oldtimer-Sternfahrten und Oldtimer-Treffen** gehörten immer schon zusammen. Wer Freude an PKW-Oldtimern, aber auch Young-Timern hat und irgendwie einen Heckge-päckträger anbringen

Der Autor auf dem Weg zum Picknick - mit dem Young-Timer-Cabrio zum Nordsee-Strand

konnte, der hat sich natürlich einen stylischen Picknick-Weidenkorb besorgt und nutzt jeden Sonnenstrahl aus, um **Oldtimer-Ausfahrten und Picknick** zu koppeln.

Im **Maybach-Museum** der Familie Anna und Dr. Helmut Hofmann in **Neumarkt bei Nürnberg** stehen 16 voll-restaurierte Edel-Oldtimer und das sind **„10% der noch fahrbereiten Maybachs auf der Welt".** Einige unrestaurierte Veteranen, sogenannte„Scheunen-Funde" gibt es auch zu sehen.

In einer Vitrine wird das damalige MAYBACH-Zubehör präsentiert. Natürlich wurde damals auch schon ein wunderschöner Picknick-Koffer angeboten und laut Schild ist er aus dem Jahre 1920.

Man achte auf das rechte Bild unten: Ausstattung des Luxus-Picknick-Koffers mit 4 Silber-Bestecken, 4 Porzellan-Tellern, 4 Kristall-Gläsern in der linken „Lederröhre", heißes Wasser in der rechten Thermoskanne, dazwischen 2 Dosen für Lebensmittel und in der Mitte sind Servietten, Handtücher und Gewürze, Korkenzieher und Taschenmesser – das zusammen reicht heute auch noch aus, für ein zünftiges Oldtimer-Picknick!

Edel-Oldtimer MAYBACH 1920
Museum, Neumarkt bei Nürnberg

Der Picknick-Korb als werkseitiges
MAYBACH Zubehör, um 1920

Ausfahrt und Picknick im Elsass 2015

Picknick beim Oldtimer-Treffen in Genf 2016

4.3. Picknick sprengt 1989 die Grenzen

Geschichtlich ganz herausragend ist „Das Picknick bei dem der eiserne Vorhang fiel!" Dieses **paneuropäische Picknick** war eine **Friedensdemonstration an der österreichisch-ungarischen Grenze** nahe der Stadt Sopron (Ödenburg) am 19. August 1989.

1989 : mit der „testweisen" Öffnung der ungarischen Grenze begann der „Fall der Berliner Mauer"

Sie wurde in der Erinnerungskultur nachträglich zum Meilenstein jener Vorgänge stilisiert, die zum Ende der DDR, zur deutschen Wiedervereinigung und zum Zerbrechen des Ostblocks führten. Mit Zustimmung ungarischer und österreichischer Behörden sollte bei der Veranstaltung ein Grenztor nur symbolisch für drei Stunden geöffnet werden. Zwischen 600 und 700 DDR-Bürger nutzten dann aber diese kurze Öffnung des Eisernen-Vorhangs zur Flucht in den Westen. Es war die größte Fluchtbewegung aus Ost-Deutschland seit dem Bau der Berliner Mauer. An der Nordost-Ecke des Reichstagsgebäudes in Berlin erinnert eine Gedenktafel an das o.g. Paneuropäische-Picknick.

4.4. Bürger-Forderungen

Ab den späten 90zger Jahren sprechen Stadt-Soziologen in Deutschland von einer neuen „**Mediterranisierung der Innenstädte**" und in einfachen Worten heißt das: **die Bevölkerung erhebt für Freizeit-Aktivitäten verstärkten privaten Anspruch auf Nutzung von öffentlichen Platzen und Grünflächen.**

Nutzung öffentlicher Flächen auch abseits der Wege

Bisher durften in Parks und öffentlichen Grünflächen nur Wege zur Begehung genutzt werden. Jetzt wollten die Bürger auch die anderen öffentlichen Flächen nutzen.

Bis zu diesen Jahren gab es z.B. in Bremen nur ein einziges Café mit Außenplätzen in der Fußgängerzone (in der Bremer Sögestraße), weil die Stadt für die gewerbliche Nutzung öffentlicher Flächen eine hohe Sondersteuer verlange; man wollte wirklich keine Nutzung öffentlicher, sprich städtischer Flächen. Selbst Straßenmusikanten und Pflastermaler wurden polizeilich vertrieben.

Der große Wandel, sprich die „**Mediterranisierung**" fand erst in den 90ziger Jahren statt. Plötzlich waren öffentliche Grünflächen der Bevölkerung nicht mehr „heilig" und so entdeckten z.B. in Bremen die Bewohner auch die Fluß-Promenade der Weser, die Osterdeich-Wiesen, die Wiesen in den innerstädtischen Wall-Anlagen (historische Verteidigungsanlagen) und überhaupt den Weser-Uferpark direkt am Fluß im auch Stadtteil Bremen-Woltmershausen.

Genau aus dieser Zeit stammen auch die ersten Planungen, das Weserufer mit Straßen-Restaurants (Die „Bremer Schlachte") und den Fluss mit Restaurant-Schiffen auszustatten. Umgesetzt wurden diese Planungen bereits durch die ersten Baumaßnahmen im Jahre 2000.

Jetzt endlich gab es eine einladende Uferpromenade, Außen-Gastronomie direkt an der Weser und Restaurantschiffe und Schiffs-Veteranen bis hin zur neu geschaffenen „Übersee-Stadt", dem alten Werften-und Hafen-Gelände.

Ähnliche Entwicklungen fanden in dieser Zeit auch in vielen Städten der Bundesrepublik statt. Recht früh und umfassend sind die Änderungen im Kölner Raum gewesen. Da lagen schon früher viele Lokalschiffe am Rhein und die Bevölkerung flanierte abends am belebten Rhein-Ufer!

Weser-Promenade in Bremen

Rhein-Promenade bei Köln

Viele Parks werden inzwischen in Bremen zu Veranstaltungen genutzt. So findet mitten in Knoops-Park ,in Bremen-Lesum ,jedes Jahr im August ein großes Konzert der „Deutschen Kammer-Philharmonie-Bremen" statt, mit dem Titel „Sommer in Lesmona", angelehnt an eine bekannten Roman der in Bremen spielt. Dieses Klassik-Festival dauert insgesamt 3 Tage und steht jedes Jahr unter einem anderen musikalischen Motto.

Aber eins ist jedes Jahr gleich: schon zu den Nachmittagskonzerten kommen sehr viele Zuschauer mit eigener Picknick-Ausstattung, teilweise mit Tischen, Tischdecken, Kronleuchtern und natürlich leckeren Speisen und Getränken. Und damit es nun wirklich „very british" zugeht, sind viele Frauen mit riesigen Hüten, mit teilweise sehr aufwendigem Blütenschmuck ausgestattet (siehe unten).

Diese öffentliche Veranstaltung lebt inzwischen durch die Besucher und deren privat initiiertes Picknick gehört inzwischen einfach dazu und ist für alle ein echtes Erlebnis (neben der Musik)!

Picknick zum Konzert in Knoops Park

Old British Style und gepflegtes Picknick beim Konzert

4.5. Ein spezielles Picknick in Japan

Selbst in Japan ist Picknick eine sehr beliebte Freizeit-Beschäftigung, tatsächlich schon seit dem Mittelalter und dauert bis heute an. Dieses antike japanische Picknick-Set (Foto unten rechts), eigentlich ein Koffer aus dem

Japanischer Picknick-Koffer, ca. 18 Jh.

18. Jahrhundert, beinhaltet eine Flasche für Tee oder Reis-Wein und auch ein Stövchen, um beides warm halten zu können.

In den 4 stapelbaren Dosen (links im Bild, sogen. Bento-Boxen) ist Platz für Ess-Stäbchen und die Speisen. Auch hier wurden weitere Lebensmittel in getrennten weiteren Gefäßen mitgenommen und natürlich auch getauscht und gemeinsam genossen. Auch in Japan hat Picknick eine große Fan-Gemeinde.

„**Pikunikku**" heißt auf japanisch Picknick und die elegantesten, aber auch die „ausgefallensten" Designs an Picknick-Körben, Picknick-Koffern und Zubehör kommt heute noch aus Japan. Einen kleinen Ausschnitt zeigen wir in unserem Kapitel 8 „Picknick-Körbe/Designer-Ware" und im Kapitel 22.1. über „japanisches Picknick".

Heutzutage, speziell aber im Frühjahr, zur Zeit der Kirschblüte, feiern viele Familien das **Hanami-Fest** („Blüten betrachten") mit Massen-Picknicks in großen Kirsch-Obstgärten. Man freut sich mit der Kirschblüte auf die erwachende Natur und das Steigen der Temperaturen.

In vielen deutschen Städten gibt es inzwischen auch unterschiedlich große Hanami-Feste, meist organisiert von den örtlichen Deutsch-Japanischen-Gesellschaften (DJG).

Das größte Hanami-Fest in Deutschland dürfte das Kirschblütenfest in Hamburg sein, zu dem sich seit 1968 jedes Jahr im Frühling mehrere zehntausend Menschen an den Außenalster-Ufern versammeln und das mit einem prachtvollen Feuerwerk abgeschlossen wird. Damit soll auch an die Pflanzung von ca. 5000 Kirschbäumen im Stadtgebiet durch die hier ansässigen japanischen Firmen in diesem Jahr erinnert werden.

„Pikunikku"- öffentliches Picknick
zum Hamami-Fest in Japans blühenden Kirschgärten im März

5.   Welche Speisen und Getränke sind Picknick-tauglich und welche nicht?

Erlaubt ist natürlich alles, was schmeckt. Allerdings bieten sich überwiegend kalte Speisen und kalte Getränke an und auf bestimmte Speisen muss man leider verzichten, weil sie ohne richtige Kühlung schnell verderben können. Aber kalte, gebratene Hackfleischbällchen, kalte, gebratene Hühnerschenkel, kaltes, gebratenes Schnitzel oder Kotelett, Nudel- oder Kartoffelsalat, Brot oder Brötchen, das sind die Klassiker und das haben schon unsere Eltern in den 60ziger Jahren zum Picknick mitgenommen und genüsslich verspeist.

Heute haben wir eine wesentlich größere Auswahl an kalten Speisen zur Verfügung. Jegliche mediterrane Antipasti und „fingerfood" sind tauglich, verschiedene Dips, gefüllte Paprika, gefüllte Tomaten, eingelegte Weinblätter, Oliven, auch Hartkäsesorten, Kräuterquark, eingelegte Salate, etc. eben fast alles, was kalt auch gut schmeckt und „fingerfood-tauglich" ist.

„Passive" Soft-Kühltasche   „Aktive Kühltasche" mit 220 V und
                                              12 V-Anschluss

Und zudem stehen heute Soft-Kühltaschen mit tiefgefrorenen Kühl-Akkus zur Verfügung, sowie Hardcover-Kühlboxen und aktiv-elektrisch betriebene Kühlboxen mit meist 12V+220V-Anschluss, aber inzwischen auch mit Sonnen-Kollektoren. Heute muss also nichts mehr bei der Picknick-Ausfahrt wegen Wärme verderben! Neben Kühltaschen in verschiedenen Ausführungen, werden inzwischen sogar transportable Gefriertruhen angeboten, die bis zu 30 Grad unter Umgebungstemperatur kühlen. Diese Gefriertruhen sind aber noch sehr teuer, groß und schwer und brauchen immer Strom für den Kühlgenerator. Abzusehen sind zukünftig hier kleinere Entwicklungen mit Solar-Kollektoren zur Stromerzeugung (siehe unten Kapitel „Kühltaschen und Kühlboxen").

Auf rohes Fleisch und Fisch, Streichwurst-Sorten und generell Wurst in Scheiben sollte man aber beim Picknick verzichten, da diese Lebensmittel auch bei mäßiger Kühlung leicht verderben können. Z.B. „schwitzt " Wurst in Scheiben schon in leichter Umgebungswärme und verändert zumindest den Geschmack.

Dagegen kann man Hartwurst, wie luftgetrocknete Salami, als Stück mitnehmen. Geschnitten wird erst kurz vor dem Essen. Zugelassen sind auch folgende Speisen: eingelegte Rollmöpse, eingelegte Bratheringe und Ölsardinen, sowie eingelegter Matjes, eingelegte Sol-Eier, eingelegte mixed-pickles, usw., also natürlich viele konservierte Speisen

Interessant wird es, wenn vor Ort Essen-Komponenten zwischen den Teilnehmern gemischt, getauscht, bzw. zusammengelegt werden.

So wird „lustiges Naschen, Probieren und Stibitzen" erlebbar, und kann wiederum eine Basis für Kommunikation bieten. Überhaupt ist das „Zusammen-Essen" eine höchst soziale Angelegenheit: man isst ja eigentlich hauptsächlich mit Menschen, die nicht unbedingt das Prädikat „unangenehm" oder sogar „feindlich" bekommen würden.

Wie oben schon erwähnt, steht aber das Essen nicht so stark im Vordergrund, wie bei der „Konkurrenz-Veranstaltung", dem Grillen, sondern eher die Kommunikation, das Miteinander und das gemeinsame Spiel. Trotzdem wollen wir Eure Phantasie etwas anregen und einige Speisetipps aus dem Angebot unseres ONLINE-Shops zeigen.

Hier ein paar Beispiele für zeitgemäße Picknick-Speisen

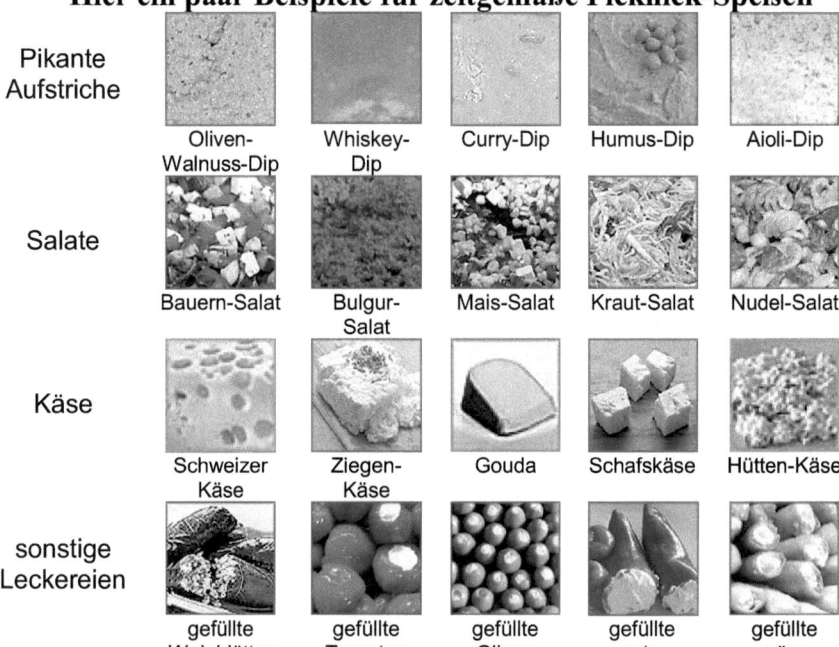

Pikante Aufstriche	Oliven-Walnuss-Dip	Whiskey-Dip	Curry-Dip	Humus-Dip	Aioli-Dip
Salate	Bauern-Salat	Bulgur-Salat	Mais-Salat	Kraut-Salat	Nudel-Salat
Käse	Schweizer Käse	Ziegen-Käse	Gouda	Schafskäse	Hütten-Käse
sonstige Leckereien	gefüllte Weinblätter	gefüllte Tomaten	gefüllte Oliven	gefüllte rote Paprika	gefüllte grüne Paprika

Hier ein paar Beispiele für zeitgemäße Picknick-Getränke

Als Getränk dient eben auch alles, was den Teilnehmern schmeckt, wie Wasser, Obstsäfte, Bier, Wein, Sekt, Schampus, etc. Es sollte aber alles in Pfandflaschen und nicht in Tetra-Packs abgefüllt sein, so dass unnötiger Müll vermieden wird!

Um warme oder heiße Getränke zu genießen, ist es ratsam eine Thermoskanne mit heißem Wasser mitzunehmen und damit ist dann auch das große Repertoire an Heißgetränken möglich zu nutzen, wie Kakao, Tee, Kaffee, aber auch Grog, etc.

Nicht umsonst wurde für Picknicks früher auch die Thermoskanne erfunden (siehe 3. Kapitel über die Historie des Picknick). Bis dahin war es nötig einen Kocher, meist einen Spirituskocher, zumindest aber ein Stövchen mitzunehmen.

6.   Rezept-Quellen für leckere Picknick-Speisen

Wenn man im Internet, z.B. in GOOGLE nach „**Picknick Rezept Fingerfood**" sucht, dann erscheinen als Ergebnis der Suchanfrage viele Rezept-Seiten. Ansonsten bieten die klassischen Rezeptsammlungen reichlich Ergebnisse, wie z.B. folgende Internet-Adressen:

1.   www.chefkoch.de
2.   www.kochbar.de
3.   www.fuersie.de
4.   www.maggi.de
5.   www.brigitte.de
6.   www.oetker.de
7.   http://www.kuechengoetter.de
8.   www.essen-und-trinken.de/fingerfood
9.   http://www.lecker.de/picknick-rezepte-koestliche-leckereien-go-51463.html
10.   https://eatsmarter.de/rezepte/rezeptsammlungen/picknick-rezepte
11.   https://blog.kochzauber.de/rezepte/die-10-besten-rezepte-fuer-dein-picknick/10555
12.   https://utopia.de/ratgeber/picknick-rezepte-5-schmackhafte-snacks/

Diese Internetadressen wurden im August 2018 getestet.
Eine Garantie für dauerhafte Erreichbarkeit der o.g. Adressen kann leider nicht gegeben werden!

Selbst spezielle Speise-Angebote lassen sich für Picknick erstellen, wie z.B. rein vegetarisches, veganes, laktosefreies, glutenfreies Picknick und so sind der Kreativität und der Phantasie eigentlich kaum Grenzen gesetzt.

Natürlich gibt es auch spezielle Picknick-Kochbücher und wenn man im Online-Shop z.B. von Amazon oder eBay blättert, findet man dort neuere Kochbücher von 4 bis 30 Euro angeboten. Amazon hat inzwischen auch sehr gut erhaltene Angebote an gebrauchten Büchern als Angebot,die teilweise wirklich gepflegt und preisgünstig sind. Die folgenden Bücher haben wir u.a. bei Amazon mit den Suchbegriffen „Picknick" und „Fingerfood" gefunden:

Picknick (Minikochbuch): Schlemmen im Grünen	Das perfekte Picknick: Rezepte und Tipps für alle, die gerne draußen essen	Kochen & Genießen Sommerküche: Grillen, Picknick, Gartenfest und draußen feiern	Finger & Food: 100 Rezepte von Party bis Picknick	Picknick: Grillen, Backen, Kochen und Selbermachen
eine Kindl-Edition	von Susanne Strasser	von Kochen+ Genießen	von Christiane Food Styling	von J. Cawley und U. Dittloff
3,99 €	9,90 €	12,95 €	19,99 €	19,95 €

7.   Rezept-Vorschläge für selbstgemachte Speisen und Getränke für das eigene Picknick

Wie oben schon erwähnt, kann eine schnell zusammengestellte und konventionelle Auswahl an Speisen dennoch sehr lecker sein, so wie die absoluten Standard-Picknick-Speisen, die schon unsere Eltern zum Picknick mitnahmen (siehe auch Kapitel „Rezepte").

Natürlich schmeckt diese Zusammenstellung auch gut und wenn wir ein wenig Freude auch an Nostalgie haben, dann starten wir mit einem zünftigen Picknick. Standardmäßig haben wir eine Kühltasche oder eine Kühlbox mit dabei, so dass wir dann auch wärme-empfindliche Speisen mitnehmen können (wie z.B. gebratenes Fleisch und gekochte Eier).

7.1.1. Klassische Picknick-Speisen aus den 50ziger und 60ziger Jahren Zubereitungsdauer ca. 30 Minuten

- gut durchgebratene, kalte Hackfleisch-Bällchen (Buletten),
- gut durchgebratene, kalte Hühner-Schenkel,
- paniertes, gebratenes, kaltes Kotelett,
- paniertes, gebratenes, kaltes Schweineschnitzel,
- hart gekochte Eier,
- bunter Nudelsalat,
- Omas-Kartoffelsalat
- Brötchen oder Brot

... Salz, Pfeffer und Senf nicht vergessen!!!

 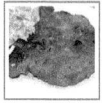   

Gebratene Buletten	Hühner-schenkel	Paniertes Kotelett	Bunter Nudelsalat	Hart-gekochte Eier	Paniertes Schnitzel	Omas-Kartoffel-salat	Krosse Brötchen

7.1.2. Rollo oder Falafel - Zubereitungsdauer ca. 10 Minuten

- Buletten aus Hackfleisch oder rein vegetarisch aus Kichererbsen-Püree und Grünkernschrot braten,
- Salatblatt, ein paar Gurken-, Tomaten- und Auberginen-Scheiben, etwas Fetakäse, Tzatziki, ein paar Zwiebeln und einige Kräuter dazu tun,
- das ganze wird in ein aufgeschnittenes und kurz geröstetes Fladenbrot gepackt.

Falaffel oder Rollo: da läuft einem doch schon beim Anschauen das
Wasser im Mund zusammen – oder?

7.1.3. Wiener im „Breznteig" - Zubereitungsdauer ca. 10 Minuten

- Die rohen Brezel-Teiglinge (überall im Tiefkühlfach im Supermarkt erhältlich) auf ein Blech mit Backpapier legen und auftauen lassen, das dauert ½ bis 1 Stunde.
- Bei den aufgetauten Brezel-Teiglingen die Brezelform lösen und die Teiglinge wieder zu einer langen Schlange formen. Die Teig-Schlangen, beginnend an einem Wurstende, rund herum um die Wurst wickeln, bis man nichts mehr von der Wurst sieht.
- Ein Teigling reicht für eine Wiener. Sollten kleinere Würstchen verwendet werden, z.B. Nürnberger Rostbratwürstchen, reicht ein für 2 Würstchen.

Die umrollten Würstchen im Backofen bei 180°C 20 bis 30 Minuten backen. Die Würstchen im Brezenteig kalt essen!

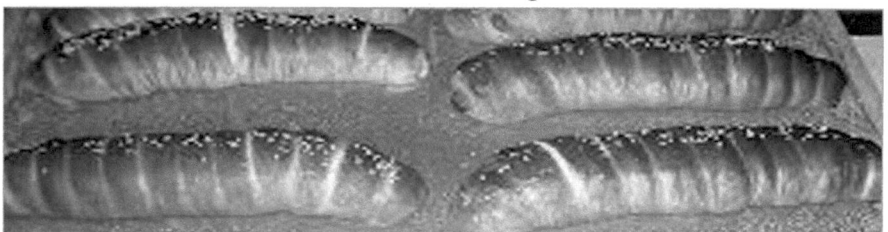

Wiener im Breznteig: die Wurst darin ist eine köstliche Überraschung!

7.1.4. Mediterrane Dips mit Fladenbrot - Zubereitungsdauer ca. 10 Minuten

- Dips machen aus Frischkäse,und twas Olivenöl das ist die „Grundlage",
- jetzt kann man mit Gewürzmischungen, die man in jedem Supermarkt kaufen kann einen Gewürz-Dip machen, z.B. mit der Mischung „Café de Paris"., oder „Herbes de Provence", etc.,
- oder mediterrane Dips kaufen, wie: Kichererbsen-Püree (Humus), Paprika-Creme, Aioli-Creme, Oliven-Walnus-Creme, Curry-Dip, etc.
- Fladenbrot aufbacken und Dips je in ein Marmeladen-Schraubglas füllen

Leckere mediterrane Dips lassen sich mit kleinen Stückchen Fladenbrot „dippen"

7.1.5.   Leckere Gazpacho - Zubereitungsdauer ca. 15 Minuten

Zutaten: 300ml Tomatensaft, 2 Salatgurken (geschält und entkernt), 2 grüne Paprikaschoten (gewaschen und entkernt), 2 geschälte Karotten, 5 Stangen geputzten Staudensellerie, 4 geputzte Frühlingszwiebeln, 50ml Olivenöl, Salz und Pfeffer, Tabasco.

- Gemüse in groben Stücken in einen Mixer geben, Öl hinzugeben und gut durchmixen lassen. würzen (Salz+Pfeffer+Tabasco) abschmecken
- In ein großes und verschließbares Einmachglas füllen und kleine Schalen oder Tassen zum Servieren mitnehmen.
- Dazu Baguette-Brot reichen.

Das passt vorzüglich zu Picknick: kalte italienische Gemüse-Suppe mit Baguette!

7.1.6.   Französische Tomaten-Tartes - Zubereitungszeit 60 Minuten

Zutaten für eine Tarte-Form mit Durchmesser von 24cm:
110 g Mehl , 40 g Einkorn-VK-Mehl (fein gemahlen), 75 g Butter, 250 g Flaschentomaten, 250 g gelben Paprika, 100 g Ziegenfrischkäse, 1 TL körniger Dijon-Senf, 1/2 Bund gemischte Kräuter (Thymian, Lavendel, Rosmarin), 1/2 TL Oregano, 3 EL Hartkäse (gerieben), Olivenöl. Salz, Pfeffer und Zucker.

- Aus den Zutaten für den Tarteboden wie gewohnt einen Teig herstellen und mindestens 1 Stunde kühl stellen (bei Beigabe von Vollkornmehl den Teig mit etwas mehr Wasser verkneten als üblich, das Vollkorn schluckt beim Rühren viel Wasser
- Den Backofen auf 190° vorheizen.
- Die Tomaten überbrühen, häuten, vierteln
- Die Kräuter waschen, klein hacken und die Hälfte mit dem Ziegenfrischkäse und dem Senf verrühren. Leicht salzen und pfeffern.
- Den Teig ausrollen und die gebutterte Tarte-Form damit auslegen.

- Die Käse-Crème auf dem Teig verstreichen und dicht mit den Tomaten- und Paprika-Scheiben belegen.
- Die restlichen Kräuter darauf verteilen, ebenso den geriebenen Käse.
- Mit Olivenöl beträufeln, salzen, pfeffern und etwas zuckern.
- Die Tarte etwa 45 min mit 180 Grad backen ,

Das sind die kleinen Törtchen mit Käse, Tomaten, Paprika, Gewürzen und Kräutern!

7.1.7.   Zwei verschiedene original britische Picknick-Sandwich-Rollen Arbeitszeit 40 Minuten plus 10 Minuten Garzeit

1. Sandwich-Rolle mit Roastbeef

- 6 Scheiben Kasten-weißbrot, (à 35 g)
- 60 g getrocknete Soft-Aprikosen
- 1 rote Chilischote
- 80 g Butter, (weich)
- Teelöffel fruchtiges Currypulver, (z. B. Limettencurry; im Internet erhältlich)
- Salz
- 12 Scheiben Roastbeef-Aufschnitt
- Gewürzgurkensticks, à 25 g)

British picnic: wir wickeln die Sandwiches wie einen Bonbon zusammen.

2. Sandwich-Rolle mit Käse

- 6 Scheiben Kastenweißbrot, (à 35 g)
- 3 Bio-Eier, (Klasse M)
- 2 Minigurken, (à 180 g)
- 60 g Cheddar-Käse
- 125 g Delikatess-Mayonnaise
- 0,5 Bund Schnittlauch, (10 g)
- Salz
- Pfeffer

Außerdem: Gefrierbeutel (3Liter Inhalt), 12 Blätter Butterbrot-Papier

Zubereitung:

1. Alle Brotscheiben entrinden und mit einem Rollholz sorgfältig flach rollen. Scheiben aufeinanderlegen und in einen Gefrierbeutel geben. Mit einem Topf beschweren und beiseite stellen. Butterbrot-Papiere mittig so falten, dass die kurzen Seiten aufeinanderliegen.

2. Für die **Sandwich-Rollen mit Roastbeef:** Aprikosen grob schneiden, Chilischote entkernen und grob schneiden. Beides im Blitzhacker fein zerkleinern. Mit Butter, Currypulver und Salz verrühren. Fettrand vom Roastbeef entfernen. Gurkensticks trocken tupfen.

3. 6 Brotscheiben mit Chili-Butter bestreichen, mit je 2 Roastbeef-Scheiben und 1 diagonal aufgelegten Gurkenstick belegen. Scheiben mit leichtem Druck diagonal aufrollen. Rollen einzeln in je 1 vorbereitetes Butterbrotpapier wie einen Bonbon einwickeln, Enden fest zudrehen. In den Kühlschrank legen.

4. Für die **Sandwich-Rollen mit Käse:** Eier anstechen und in 10 Minuten hart kochen, abschrecken, pellen und fein würfeln. Gurken schälen, längs vierteln und entkernen. Cheddar-Käse raspeln, unter die Mayonnaise rühren. Schnittlauch fein schneiden und untermischen.

5. Restliche Brotscheiben mit Käsemayonnaise bestreichen. Mit Ei belegen, mit Salz und Pfeffer würzen, leicht andrücken. Je ein Gurkenstück diagonal darauflegen, Scheiben mit leichtem Druck diagonal aufrollen. Rollen einzeln in je 1 vorbereitetes Papier wie einen Bonbon einwickeln und die Enden fest zudrehen. In den Kühlschrank legen. Restliche Gurke anderweitig verwenden.

6. **Die Rollen im Papier mit einem Sägemesser schräg halbieren (siehe Foto oben).**

**7.1.8.   Ein asiatisches Picknick mit Ikarimi-Lachs, Sesam und Grapefruit, Salat von Mango, Staudensellerie und Ananas und Baguette
Zubereitungszeit ca. 40 Minuten (zuzüglich 24 Stunden Lachs-Beizen)**

Ikarimi-Lachs, Sesam und Grapefruit
Zutaten:
100 g Salz
100 g Zucker
1 TL gemahlene Koriander-Körner
300 g Lachsfilet (ohne Haut und Gräten),

am besten in Ikarimi-Qualität

Für die Marinade:
2 EL Sesamöl
2 EL Austern-Sauce
4 EL Hühnerfond
1/2 TL Piment d'Espelette (ein Chili-Pulver)
1 Grapefruit (daraus 6 Filets schneiden)

Zubereitung:
Salz, Zucker und Koriander vermengen. Das Lachsfilet mit dem Gemisch von allen Seiten einreiben. Im Kühlschrank 24 Stunden lang darin beizen. Abwaschen, sofort bei 60 Grad im Ofen 15 Minuten lang ziehen lassen. Kalt stellen. In fingerdicke Scheiben schneiden und in eine flache Box legen. Alle Zutaten der Marinade verrühren. Lachsscheiben und Grapefruit-Filets

mit der Sesam-Marinade bedecken.

Nachtisch: Salat von Mango, Staudensellerie und Ananas

Zutaten
1 Mango
100 g Ananas
150 g Staudensellerie
Saft von 1 Zitrone
2 EL Pflanzenöl
2 EL Koriander (fein gehackt)

Nachtisch-Zubereitung:
Mango schälen und ohne Kern in feine Würfel schneiden. Ananas würfeln.
Staudensellerie schälen und in Scheiben schneiden. Mit den restlichen
Zutaten zu einem Salat vermengen.

**Die marinierten Lachs-Scheiben auf geröstetem und gerissenem
Baguette essen und dazu den Salat!**

7.1.9.   Italienisches Picknick – Hähnchenkeulen mit Salbei und Ciabata – Zubereitungszeit ca. 25 Minuten

Zutaten für 4 Personen:
- 8 Hähnchenschenkel (je ca. 150g)
- 16 große Salbeiblätter
- 1,5 Knoblauchzehen
- Salz
- 2 EL Rapsöl
- 1 EL flüssiger Honig

Zubereitung:
1.   Die Hähnchenkeulen putzen, abspülen und trocken tupfen.
Die Salbeiblätter ebenfalls abspülen und trocken tupfen. Knoblauch
schälen und in dünne Scheiben schneiden.

2. Mit einem Finger die Haut vom Hähnchenfleisch lösen. Jeweils 2 Salbeiblätter und 1–2 Scheiben Knoblauch zwischen Haut und Fleisch schieben.

3. Die Keulen auf beiden Seiten salzen, dünn mit Öl bestreichen und ca. 30 Minuten grillen, dabei mehrfach wenden.

4. Honig mit 1 EL Wasser verrühren und auf die Hautseite der Keulen streichen. Die Keulen noch ca. 3 Minuten auf der Hautseite grillen. Die Keulen sind gar, wenn der Fleischsaft beim Hineinstechen klar ist.

Ciabata-Brot leicht im Backofen anrösten und mit den Keulen reichen! Dazu passt ein gekühlter Weißwein, oder eine Weißwein-Schorle und ein klassischer grüner Salat mit einem Kräuterdressing.

Nicht jeder mag den Geschmack von Salbei. Aber bei diesem Rezept verliert sich der typische Salbei-Geschmack und statt dessen werden durch dieses Küchengewürz alle anderen Aromastoffen „angehoben".

Trotzdem sollte man mit Salbei mit bedacht umgehen und lieber mal ein bisschen zu wenig, als zu viel Blätter verwenden!

Zubereitungstipp:

Wenn Sie dagegen ein ganzes Hähnchen (ca. 1, 5 kg) grillen möchten, das Rückgrat des Hähnchens mit der Küchenschere entfernen. Das Hähnchen flach drücken und Salbei und Knoblauch unter die Haut schieben. Das Hähnchen bei kleiner Hitze ca. 55 Minuten grillen. Dabei mehrfach wenden. Anschließend die Hautseite mit Honigwasser bestreichen und das Hähnchen fertig grillen.

Ein Hauch von Picknick in Italien: die aromatisierten Hähnchenschenkel

7.1.10. Lust auf ein Spontan-Picknick – ohne Arbeit?
Hier noch einige Tipps

– **In türkischen Feinkostläden** gibt es mit Hackfleisch, Spinat oder Feta gefüllte Röllchen aus Blätterteig. Die schmecken auch kalt lecker: Die dünnen türkischen Pizzen (Lahmacun) werden aufgerollt und aus der Hand gegessen.

– Zudem gibt es dort immer Fladenbrot oder Ekmek (türkisches Weißbrot) in verschiedenen Größen und mit und ohne Sesamkörner. Gerade die Fladenbrote sind sehr gut zu Picknick geeignet! UND: das Brot wird immer per Hand in Stücke gerissen, nie geschnitten.
Damit lassen sie sich dann auch hervorragend „Dipps tauchen" …

Im Supermarkt Hart-Käse und Aufschnitt an der Theke kaufen. Dazu Gurken, Oliven, eingelegte Tomaten oder andere Antipasti (frisch oder aus dem Glas), Kirschtomaten, Äpfel und ein Baguette.

Zum Nachtisch Joghurtschokolade, die schmeckt im Sommer natürlich am besten gut gekühlt)

Einkaufstipp:
Unbedingt zu den o.g. Geschäften immer mehrere Schraub-Mehrweg-Gläser (z.B. ausgewaschene Marmeladengläser) mitnehmen oder irgendwelche anderen gut verschließbaren Behältnisse. Denn sonst bekommt man alle leckeren Lebensmittel ausnahmslos in Plastikschalen. Das ist unnötiger Müll, den wir gleich von vorneherein vermeiden wollen und eben auch vermeiden können. Kleiner Hinweis: in ein Standard-Marmeladenglass passen maximal ca. 300g

Jeder der o.g. Läden hat Waagen, welche die mitgebrachten leeren Gläser wiegen können und das Verpackungsgewicht (die Tara) ermitteln können. Damit lassen sich dann auch die Gewichte der eingefüllten Speisen für die Verkäufer ermitteln! Wir haben jedenfalls bisher immer Geschäfte besucht, die uns diesen Service geboten haben!

Leckere mediterrane Antipasti gibt es oft schon im Supermarkt fertig und Picknick-tauglich zu kaufen

7.2.   Besser nicht fürs Picknick - das alles an Speisen ist ungeeignet!

Wir haben es zwar schon oben erwähnt, aber wir wiederholen das nochmal und ergänzen diese NO-GOs und Tipps in Sachen Lebensmittel:

- **Sushi** aus der Kühltheke verdirbt in der Sommerhitze schnell. Wenn ihr es nicht sofort essen wollt oder keine Gefrierbox für den Transport dabei habt, lieber Finger weg!

- **Brot mit vielen Körnern:** fällt beim Picknick schnell auseinander.

- **Selbst gemachte Mayonnaise** aus rohen Eiern: Vorsicht! Salmonellen-Gefahr.

- **Nicht durchgebratenes Fleisch wie Roastbeef oder roher Fisch:** verderben bei Wärme schnell und können dann bei Verzehr sehr krank machen!

- **Jegliche Streichwurst** besteht überwiegend aus Fett und wird schnell ranzig!

- **Wurst in Scheiben** fängt an, zu „schwitzen". Wenn schon Wurst, dann luftgetrocknete Salami und immer am Stück lassen und erst beim Picknick in Scheiben aufschneiden.

- **Sehr reifer und weicher Käse:** „müffelt" und zerläuft beim Picknick.

- Bei **Salaten bitte die Soßen** in getrennten Behältern mitnehmen, weil sonst der Salat„durchweicht",den „Biss verliert"und fade schmeckt!

- Auch **Kräuter** in getrennten Gefäßen mitnehmen und erst kurz vorm Essen zusammen-mixen!

Ausnahmen: in Öl oder Essig eingelegter Fisch, wie: sauer eingelegte Rollmöpse, Brathering, , geräucherter Fisch, Lachs-Schnitzel in Olivenöl und eingelegter Matjes und mediterrane Antipasti, denn die sind meistens in Olivenöl eingelegt. Das passt alles auch zum Picknick!

7.3. Getränke

7.3.1. Schnelle Drinks: erfrischend gut!

Viel gesünder als Cola, Fanta und Co. - und noch dazu unwiderstehlich lecker ist Limonade aus Apfel-Tee, Traubensaft und Zitrone.

Diese Getränke kann man ganz einfach selber machen!

Frisch gepressten Fruchtsaft (Zitrone, Orange), pürierte Früchte (Ananas, Kirsche, Himbeere, Erdbeere) oder Weiß-Wein **in Eiswürfelbehältern gefrieren**. Die Würfel machen sogar Leitungswasser zu coolen Drinks! Einfach einen Eiswürfel aus den eingefrorenen und pürierten Früchten mit Wasser oder Mineralwasser aufgießen und fertig ist der erfrischend fruchtige und kalte Drink und wenn noch ein Topf frische grüne Minze mitkommt, ist auch die Deko auch perfekt.

Oder einen starken Tee kochen, süßen und ebenfalls in Würfeln einfrieren. Mit Mineralwasser wird ein köstlicher Eistee daraus. Gut eignen sich dafür auch die vielen neuen Sorten. Besonders lecker sind auch die Yogi-Tees!

Kühltipp: Soft-Drinks-, Bier- oder Weinflaschen ersetzen in der Kühltasche die Kühlelemente, wenn sie vor dem Picknick ins Eisfach gelegt wurden.

Softdrinks und Bier ca. 20 Minuten, Wein und Prosecco nicht länger als 30 Minuten, sonst platzen die Flaschen! Vielleicht Plastikflaschen richtig einfrieren und als Kälte-Akku nutzen. Echte andere Getränke nur kühlen!

7.3.2. Der absolute Picknick-Getränk-Geheimtipp: „ColdBrew"

Mach das einfach so, wie die niederländischen Händler und Kaufleute, die im 17. Jahrhundert. Bei ihren langen Reisen nach Asien nahmen sie, aus Transportzwecken, ein kaltes Kaffee-Konzentrat mit, das sie unterwegs verdünnt getrunken haben oder bei Bedarf mit Quellwasser verdünnt haben. Der Hauptgrund für die reisenden Kaufleute war Gewichts- und Volumen-Ersparnis!

Weil hier der Kaffee nicht heiß aufgebrüht wird (HotBrew), sondern kalt angesetzt wird, heißt dieses Konzentrat „ColdBrew".

Ähnliches machte man vor Jahrhunderten auch in Japan und dort nannte man das Konzentrat „Kyoto-Kaffee" und das ist sogar heute noch ein beliebtes Getränk in Japan.

Niederländischer Händler 17.Jh.

Eine richtige Renaissance bekam ColdBrew, als ca. 2014 die OutDoor-Wanderer-Szene in den USA dieses Getränkt für sich wiederentdeckte.

Und OutDoor-Wanderung ist dem Picknick äußerst ähnlich, also passt ColdBrew auch gut zu Picknick!

ColdBrew gibt es selten fertig zu kaufen, so dass man es selbst herstellen muss und kann. Das ist wirklich einfach!

Nehmt also dieses spezielle Kaffee-Konzentrat mit, das man unterwegs nach Bedarf „verdünnen" kann und das stellt ihr in folgenderweise her:

- mahlt **80g äthiopischen oder nord-afrikanischen Arabica-Kaffee mittelgrob** (z.B. den „Tchibo Privatkaffee African blue", oder „Duromina"), der reine äthiopische Kaffee zählt zu den besten Kaffees dieser Welt, also pure 100% Arabica-Bohnen – keine Robusta-Bohnen-Mischung (!),

- übergießt das Mahlgut mit **1 Liter** kaltem Wasser,

- lasst diese Mischung **8-10 Stunden** bei Raumtemperatur leicht abgedeckt stehen und **filtert** dann die gesamte Flüssigkeit über einen normalen Papier-Kaffee-Filter.

- **Die cognac-farbene Flüssigkeit, der „ColdBrew" schmeckt ganz anders, als „kalter Kaffee".** Er schmeckt nicht bitter, hat wenig Säure und wenig Coffein, hat aber viele fruchtige Aromen, die man eigentlich kaum erwartet. So schmeckt man Ananas, Banane, Pfirsich, etc. heraus und somit ist ColdBrew vorzüglich geeignet, um damit leckere **Cocktails** zu mixen!

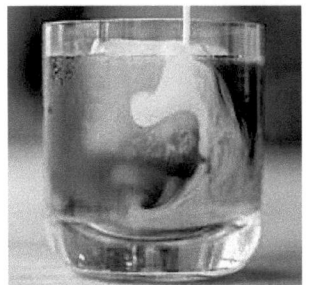

Das ist jetzt euer ColdBrew-Konzentrat und das nimmt man in einer kleinen Flasche mit zum Picknick, samt der folgenden Mix-Bestandteile, die man erst bei Picknick zusammenfügt und das mixt man, wie folgt.

- Je **1/3 ColdBrew** und **2/3 Tonicwater**, ein Spritzer **Zitronensaft** und ein **Eiswürfel** ergeben ein erfrischendes Getränk, das ähnlich den „Bionade-Getränken" schmeckt, statt Zitronensaft kann man auch einen Spritzer **Kirschsirup** dazu fügen, mit Zitronensaft heißt der Mix „**ColdBrew-Sour**", mit Kirschsirup „**ColdBrew-Sweet**".

- je 1/3 ColdBrew und 2/3 **Vollmilch** und ein Eiswürfel ergeben ein erfrischendes Getränk, das ähnlich dem griechischen Eiskaffee „**Frappé**" schmeckt.

- Je 1/3 ColdBrew und 2/3 Tonicwater mit Zitronensaft und einem Schuss **Gin**, oder **Wodka** oder **Kahlúa** (mexikanischer Kaffeelikör) ergeben einen phantastischen Mix oder Longdrink. Der Name ist „**white russian**"

Das Konzentrat kann man im Kühlschrank bis zu zwei Wochen aufbewahren und das reicht für so einige Cocktails aus. Gerade bei sommerlichen Temperaturen schmeckt ColdBrew in allen Mix-Varianten als Cocktail ganz hervorragend.Mehr ColdBrew-Rezepte findet man im Internet, u.a. auch bei www.chefkoch.de (dort unter „ColdBrew" suchen).

1/3 angesetztes CoodBrew   2/3 Tonic   Eis   fertig!

Mit diesem Arsenal haben wir 13 leckere Mix-Getränke/Cocktails aus ColdBrew
hergestellt - IceBrew ist übrigens eine Variante von ColdBrew

8.   Picknick-Körbe, Ausstattungen, etc.

8.1. Picknick-Körbe

Weil wir während unserer Recherche festgestellt haben, wie breit der Begriff „Picknick-Korb" gefasst ist, haben wir hier einmal die verschiedenen herausragenden Varianten herausgesucht, aber auch anderen Picknick-Ausstattungen und Zubehör!

Sehr rudimentärer Korb

Klassischer Weiden-Korb

Korb mit Kühlfach

Korb zum Aufklappen

Korb mit Schubfach

Korb mit Klappfach

Korb mit großer Klappe

Korb in Herzform

Korb als Rucksack

8.2. Picknick-Taschen, Picknick-Rucksäcke und Picknick-Trollys

Viereckig Mappe mit Geschirrset

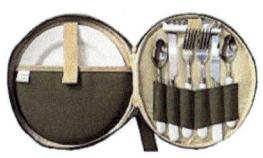

Ein rundes Geschirrset

Set mit Schüsseln u. Besteck

Rucksack mit Seiten-Halterungen

Umhängetasche, inkl. Kühltasche

Umhängetasche mit Fächern

Als Klappstuhl mit Tasche

Als kleiner Trolly

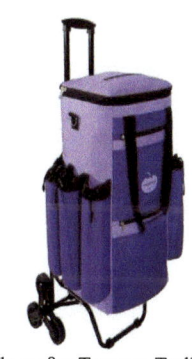

Als großer Treppen-Trolly

8.3. Picknick-Decken

Klassischerweise sitzt man beim zünftigen Picknick auf einer speziellem Picknick-Decke. Die Fachleute streiten sich noch, ob nun die Engländer, oder vielleicht sogar die Schweden dieses nützliche Picknick-Zubehör erfunden haben. Man kann natürlich zum Picknick auch auf Bänken oder Stühlen mit Kissen und Decken sitzen, aber die Picknick-Decke ist eben der traditionelle Sitzplatz bei dieser Kultur-Veranstaltung. Daher bleiben wir hier in der Darstellung erst einmal bei Picknick-Decken.

Eine gute Picknick-Decke besteht immer aus 3 Schichten:

1. *Die oberste Schicht besteht aus Naturhaar, wie z.B. aus einem Gewebe aus 100% Schur-Wolle, oder Baumwolle, oder aus dickerem Filz aus Naturwolle oder aus Fleece (einem Material aus synthetischen Fasern) als weiche und warme Oberfläche, um darauf zu sitzen.*

Die klassische Picknick-Decke
im Schottenmuster

2. *Eine zweite Schicht, die nicht nur ein wenig polstert, sondern auch eine Isolation gegen Bodenkälte darstellt, z.B. aus einer dünnen Schicht Schaumstoff. Decken mit dieser Ausführung findest du in jedem Outdoor-Shop. Einige Picknick-Decken sind sogar extra stark gepolstert und machen auch sehr harte Untergründe bequem.*

3. *Eine Kunststoff-Folie (z.B. aus PEVA), die Wasser-abweisend ist, denn Wiesen und Weiden als Untergrund können schon richtig feucht sein, und damit besteht ein guter Feuchtigkeitsschutz.*

Picknick-Decken sind aus einem dicken, jedoch zugleich leichtem und flexiblem Material gefertigt und haben einen extra gesäumten Rand für eine robustere Beschaffenheit. Einige haben eine Tragetasche oder Tragebeutel, oder einen Tragegurt, der wie ein Gürtel die gefaltete oder gerollte Decke zusammenhält.

Wichtiger Hinweis: man betritt nie mit Schuhen die Decke, weil diese vom Straßenschmutz schwer zu reinigen ist, auch aufgrund der vernähten unteren Kunststoffschicht. Es gibt inzwischen auch runde Decken von ca. 200cm Durchmesser und die neuste Entwicklung (2017) ist eine runde Decke, die aus 4 einzelnen Kreis-Segmenten besteht und in der Mitte ist ein rundes Loch zur Platzierung der Füße ausgespart hat. Jedes Teilnehmer-Paar bringt sein eigenes Kreis-Segment der Decke mit (siehe Foto unten). Eine Vollkreis-Decke besteht daher aus 4 Elementen.

Der Preis für eine viereckige Decke in der Größe von 150x185cm schwankt je nach Qualität, Design und Marke zwischen 20 Euro und 500 Euro. Die teuren Modelle sind original englische Picknick-Decken (z.B. Greenfield, Tweedmil) aus 100% Wolle und haben ein traditionelles, kariertes Schotten-Muster und ein gürtel-ähnliches Trageset aus echtem Connoly-Leder.

Picknick-Decken dürfen nicht mit englischen **Reise-Plaids** verwechselt werden. Diese Plaids bestehen zu 100% aus Wolle, haben meist Fransen und eben keinen Schichtenaufbau und Feuchtigkeitsschutz, wie die Picknick-Decken, sondern sind klassische Reise-Wolldecken, nur zum Warmhalten!

Ein kleiner Tipp: wer nun noch keine Picknick-Decke besitzt, kann sich dennoch behelfen, indem er eine Decke aus dem Haushalt nimmt und einen großen, blauen Müllsack. Der Müllsack wird aufgeschnitten und draußen auf der Wiese, unter der Decke als Schutz vor Feuchtigkeit platziert, das funktioniert auch!

Die Variationsbreite der Picknick-Decken ist beachtlich, zeigt eckige und runde Decken, teilweise auch in extrem kleinen Pack-Maßen.

Die Größen der meist viereckigen Decken schwankt in einem Bereich zwischen:
- 120x150cm für 2 Personen,
- bis hin zu 185x185cm (XL)
- oder 200x200cm (XXL) für 4 Personen,
- bis zu 300x300cm (XXXL) für 6-9 Personen.

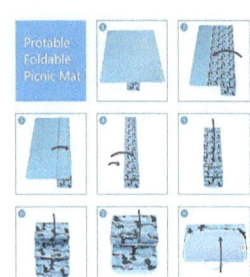

Klassische Picknick-Decke mit Klettverschluss und Tragegriff

Klassische Picknick-Decke ausgebreitet

„Der Faltplan" für diese Picknick-Decke

Klassisches Schotten-Muster

Integrierte Tasche

Decke im Tragebeutel

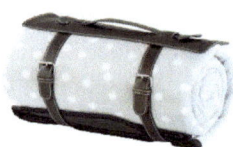

Gerollt mit Trage-Set

Gerollt mit Trage-Set

Gerollt mit Trage-Set

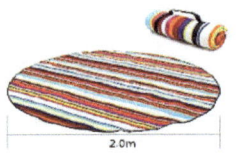

Runde Picknick-Decke

Picknick-Decke in Segmenten mit offenem Innen-Segment

Decke mit kleinstem Pack-Maß

8.4. Picknick-Designer-Ware

Selbst Industrie-Designer haben sich weltweit mit Picknick-Ausstattungen beschäftigt. Besonders herausragend sind auch hier immer wieder die Ideen und Modelle aus Japan.

Vereinzelt gibt es auch Koffer, die insgesamt das gesamte Equipment, wie Kühltasche, Geschirr, Lebensmittel und auch Stühle und tatsächlich auch eine Tischdecke enthalten (siehe unten).

Jap. Koffer wie ein Nähkästchen

Japanische Picknick-Box

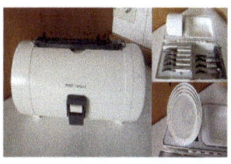
Japanische Picknick-Röhre

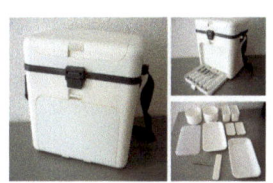
Mit Kühlbox gekoppelt

Auch mit Kühlbox

Als Rucksack-Roller

Picknick-Set aus Pappe

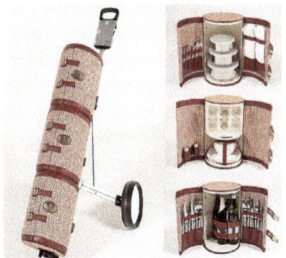
Als Golf-Caddy

Als Rolli-Kombi-Teil

8.5. Fahrräder für Picknicks modifiziert

Minimal-Ausstattung

Spartanische Ausstattung

Klassische Ausstattung

Korb vorne + hinten

Kleine moderne Ausstattung

Modifizierte Gepäck-Taschen

Mit/als Gepäcktasche

Das ultimative niederländische Design-Set, samt Tisch

Eigenbau und totale Integration

8.6. Picknick-Koffer als PKW-Zubehör

Für PKWs wurden schon immer spezielle Picknick-Körbe, Taschen und Koffer entwickelt und bis in die heutige Zeit als **KFZ-Zubehör** angeboten.

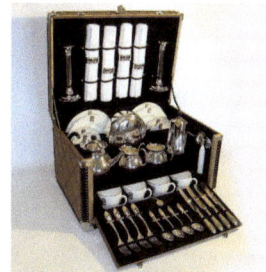
Ein klassischer Edelkoffer

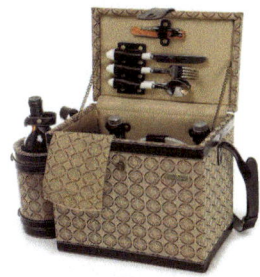
Modisch verspielt

Aufwendig konzipiert

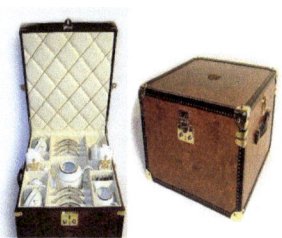
Klein und fein

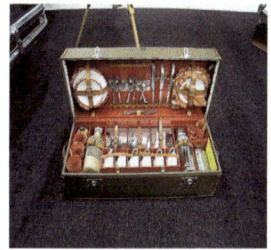
Groß und fein

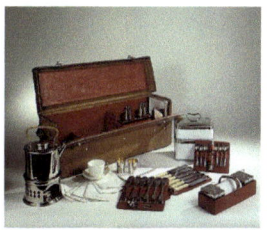
Noch größer

Als edle Mixgetränke-Bar

Aston-Martin-Ausführung

Rolls-Royce-Ausführung
15.000€

8.7. Kühltaschen und Kühlboxen

Das Spektrum geht von der preiswerten, Alu-kaschierten Stofftasche, die mit gefrorenen Kühl-Akkus kühlt, über aufwendigere Soft-Taschen auch in unterschiedlichen Größen bis hin zu Hardcover-Boxen in jeglichen Stilrichtungen. Schon vor etwa 20 Jahren wurden aktive elektrische Kühl-Elemente, sogenannte „Peltier-Elemente" entwickelt, die inzwischen preislich erschwinglich geworden sind und in zunehmendem Maße in Kühltaschen und Kühl-Boxen eingebaut werden. Die aktuellen Boxen laufen sogar mit Solarstrom!

Einfache Soft-Kühltasche

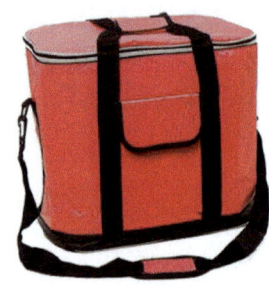
Aufwendige Soft-Kühltasche

Große runde Soft-Kühltasche

Aktive Hardcover Kühlbox, 12V

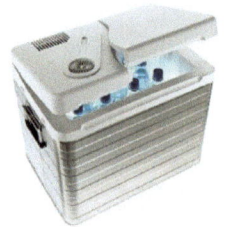
Aktive Box, 12V mit Innen-LED

Aktive Box, 12V cold+hot

Solar-Box mit Rädern+Tisch

Solar-Gefrier-Box mit Rädern

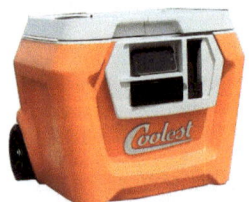
Solar Box mit USB,
mit LED, mit wLan

8.8. Zubehör für Picknicks

Auch spezielles Zubehör wurde für Picknick entwickelt. Sehr obskur ist die in Japan entwickelte Picknick-Tasche, die zu einem Picknick-Tisch auseinandergeklappt und jeweils am Hals der beiden Picknicker befestigt wird (siehe unten rechts).

Bestecke + Kombinationen

Plastik-Stapel-Geschirr

Porzellan-Stapel-Geschirr

Der Latten-Klapptisch

Der Mini-Klappstuhl

Die Hängetisch-Tasche

9.   Outdoor-Spiele, die für Picknicks sehr gut einsetzbar sind

Zu Picknick gehören schon immer: „Kommunikation und Spiele"! Es geht insgesamt um gemeinsame verbale und nonverbale Gruppen-Erlebnisse. **So gibt es verschiedene Spiele:**

Teilnehmer nach Alter	Spiele nach Ausstattung
• Kinder	• rein verbale Spiele
• Jugendliche	• ohne (fremdes) Material
• Erwachsene	• Suchspiele im Umfeld / in der Natur
• vom Alter her gemischte Gruppen	• Spiele mit Material (Figuren, Bälle.)

9.1. Spiele – ohne Material

Wenn man nun keine Spiele sprich „Spielsachen" mit dabei hat, dann kann man auch ganz spontan welche „erfinden und entwickeln", die auch „ohne Zubehör" funktionieren, wie die folgenden beiden Beispiele zeigen:

Spiel 1: Finde den Schuh:
Alle Mitspieler müssen einen Schuh ausziehen, sich in einen Kreis setzen und bekommen die Augen verbunden. Die Schuhe werden durcheinander in die Mitte des Kreises gelegt. Auf ein Startzeichen hin ertasten die Mitspieler blind die Schuhe. Wer seinen Schuh als erstes gefunden hat, hat gewonnen.

Spiel 2: Sehende Füße:
Hier bietet schon der Aufbau eines „Barfuß-Parcours" aus verschiedenen Materialien Unterhaltung! Alle können dafür suchen helfen, Kastanien, Heu, Laub, Kieselsteine, Opas Zeitung - nur zu spitz sollte es nicht sein. Alle gefundenen Materialien werden in Form eines Weges, eines Parcours

ausgelegt. Nacheinander gehen die Mitspieler mit verbundenen Augen und nackten Füßen über den Parcours und müssen raten, was ihre Füße "sehen".

Mehr Infos http://www.spielewiki.org/wiki/Kategorie:Spiel_ohne_Material

9.2. Spiele – mit Material, sprich mit Ausstattungen/Spielzeug (Beispiele)

Alle Spiele müssen ein einfaches „Regelwerk" aufweisen, um eine große und breite Gruppe an Spielern zu erreichen, groß, klein, alt, jung.......

Frisbee und Ultimate
Wurf- und Flugspiel für 2 bis 8 Personen. Frisbee-Scheibe in ca. 50 cm Durchmesser:„Ultimate" ist das Frisbee-Mannschafts-spiel mit internationalen Wettkampf-Regeln.

Standard Frisbee 20 cm
Wurf- und Flugspiel für 2 bis 8 Personen. Hier lassen sich sehr gut eigene Regeln und Abläufe entwickeln.

Boccia oder Boule
Einzel (1 gegen 1), Doppel, oder Dreier-Spiel. Man muss die eigenen Kugeln möglichst nah an die kleine weiße Kugel werfen, oder rollen. Wer am nächsten an der weißen Kugel liegt, ist Sieger.

Klett-Westen-Spiel
Wurfspiel für 2 Personen. Die Spieler ziehen die Westen an und versuchen sich mit Klett-Bällen zu treffen, die dann an der Jacke hängen bleiben.

Federball
Das bekannte Spiel für 2 oder 4 Personen passt für Anfänger, aber auch für fortgeschrittene Badminton-Spieler. Bei Badminton nutzt man noch ein großes Netz zwischen den Mannschaften.

2-Leiner-Lenkdrachen
Das Set ist „ready-to-fly" samt „Matte" (Drachen ohne Stangen), zwei 25m Spezial-Leinen, Handgriffe und mit einem Transportsack.

Ringwurf-Spiel
Das bekannte Spiel für 2 oder 4 Personen ist ein phantastisches Gruppenspiel.

Riesen-Mikado-Spiel
Das bekannte Spiel für 2 oder 4 Personen mit 70cm Stangen, macht Spaß mit mehreren Spielern.

Würfel-Spiel
Der Würfel ist 16x16cm und damit Grundlage für ganz viele Würfelspiele. In unserer Spielanleitung sind über 10 verschiedene Spielvarianten vorhanden.

Wikinger-Schach (Kubb)
2 Mannschaften mit je 1 bis 6 Personen stehen sich gegen-über und versuchen die gegnerischen Steine zu treffen .... usw. Das ist schon seit Jahren das Kult-Spiel in Skan-dinavien!

110 Spielkarten für viele Kartenspiele
Ob Skat oder Doppel-kopf, Rommee, etc. Kartenspiele lassen sich mit 2 , 3 oder 4 Personen spielen. In WEB-Spielanleitung sind Internetseiten mit über 100 Spielvarianten vorhanden.

Ein Ausmal-Buch mit Buntstiften für jüngere Kinder
Kinder mögen oft zur Entspannung ein Ausmal-Buch, mit beiliegenden Buntstiften, oder ein Märchen- oder Geschichtenbuch.

9.3. einige Outdoor-Spiele mit Anleitungen

Wer sich schon hier informieren möchte, welche Picknick-Spiele zur Zeit aktuell sind, der kann sich im Internet informieren Stichwort „Outdoor-Spiele".

Auf jeder Detail-Seite zu einem Spiel, in unserem **Online-Shop www.picknick-bremen.de**, steht ein Link-Hinweis und wenn man den anklickt, dann kann die betreffende Spielanleitung als PDF-Datei heruntergeladen werden oder im Rechner-internen Acrobat-PDF-Reader gelesen werden!

9.3.1. Outdoor-Ringwurf-Spiel

Spieler: 2 bis 4 Personen -
Alter: 6- 99 Jahre -
EK-Wert: ca. 20 €

Bestandteile des Spieles:
* 1 Holzkreuz mit 9 Pins
* 5 Wurfringe
* 1 Tasche für das Spiel
* Spiel-Anleitung

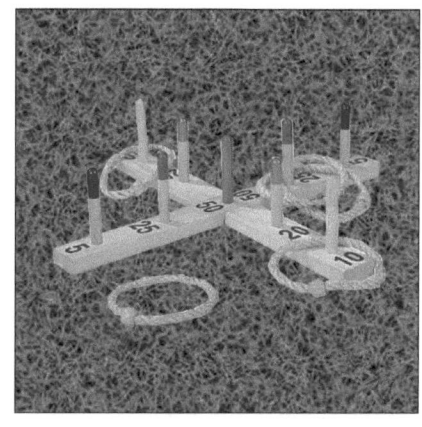

Spielregeln für das Ringwurfspiel
Das Zielkreuz kann schnell zusammengesteckt werden, so dass keine große
Vorbereitung erforderlich ist. Es besteht aus einem zweiteiligen Rahmen,
auf dem unterschiedlich viele Zielstäbe angebracht sind. Die Zielstäbe sind
mit Punkten versehen, welche die Werte 100 für die Seitenstäbe und 500 für
den Mittelstab erhalten können.

Eine einheitliche Regel gibt es für das Spiel nicht-Das Ziel des Spiels ist
aber eindeutig: Man muss mit den Spielringen so oft wie möglich das auf
dem Boden liegend Zielkreuz treffen.
Pro Spieler gibt es dafür eine bestimmte Anzahl Wurfringe, die durch
unterschiedliche Farben gekennzeichnet sind. Die einzelnen Würfe werden
von jedem Spieler hintereinander ausgeführt. Die Wurfdistanz kann nach
den motorischen Fähigkeiten der einzelnen Teilnehmer ausgewählt werden.
Gewonnen hat der Spieler, der die meiste Punktzahl erreicht hat.
Die Regeln für das Ringwurfspiel sind nicht in Blei gegossen und deshalb
sehr variantenreich. In einer Spielvariante kann auch versucht werden,
durch die Würfe eine vorher festgelegt Punktzahl zu erreichen.
Um den Grad der Schwierigkeit zu erhöhen, können die Spieler vereinbaren,
dass Rechtshänder mit der linken Hand und Linkshänder mit der rechten
Hand werfen müssen.
Ein Spaß für die ganze Familie! Das Ringwurfspiel erfordert keine große
Vorbereitung. Erwachsene und Kinder können zusammen spielen. Oft trifft
sich die Familie im Garten um im fröhlichen Wettstreit Konzentration und
Geschicklichkeit zu üben. Das Spiel ist auch für kleinere Kinder geeignet,
die dadurch lernen auch das Addieren lernen.

9.3.2. Boccia oder Boule-Spiel

Spieler: 2 oder 5 gegen 5 oder 7 gegen
7 als Mannschaften -
Alter: 6- 99 Jahre -
EK-Wert: ca. 20 €

Bestandteile des Spieles:
*   8 große Kugeln
*   1 kleine, weiße Kugel
*   1 Kunststoff-Träger
*   Spiel-Anleitung

Spielregeln-1 für Boccia
Die einfachste Art dieses Spiels ist:

*   Ein Spielfeld von ca. 4 m x 8 m
*   Als Spiel-Untergrund eignet sich eine ebene Sandfläche oder
    kurzgeschnittener Rasen
*   2 Mannschaften spielen gegeneinander
*   Per Münze wird gelost, wer die weiße Setzkugel wirft. Sie muss im
    letzten Drittel des Spielfeldes zum Liegen kommen.
*   Jetzt wirft je 1 Spieler 2 der großen Kugeln möglichst nahe an die
    weiße Setzkugel. Es ist auch erlaubt, schon liegende große Kugeln
    des Gegners weg zu schießen.
*   Hat der Spieler 2 große Kugeln geworfen, kommt ein Spieler der
    gegnerischen Partei zum Zug und wirft 2 große Kugeln.
*   Gewonnen hat wer die meisten Kugeln in unmittelbarer Nähe der
    kleinen weißen Setzkugel liegen hat.

Spielanleitung-2 professionelles BOCCIA oder BOULE

Gespielt wird auf ebenen und hart gewalzten Sandbahnen. Rasenflächen,
seien sie auch noch so kurz geschoren, eignen sich leider nicht!
Die Spielflächen haben folgende Maße: Länge: 26,50 m (mind. 24m) Breite:
4,5 m (mind. 3,80m)

1. Boccia-Bahn

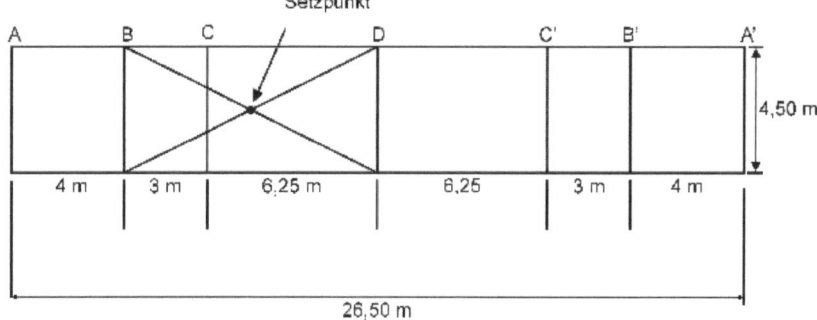

2. Ausrüstung

a) Kugeln

Die **10 Spielkugeln** (Boccia):
Durchmesser: 100 mm – 120 mm
Gewicht: 800 g – 1100 g

Die kleine, weiße Setzkugel (**Pallino**):
Durchmesser: 37 mm – 43 mm
Gewicht: 50 g – 70 g

Boccia-Spieler in Italien

b) Die Schuhe

Benutzt werden Sportschuhe glatter Sohle, ohne Profil (wie Hallentennis-schuhe, o.ä.)

c) Das Messgerät

Damit die Lage der Kugeln gekennzeichnet und die Entfernungen gemessen werden können, verwendet man einen Messstab. 80 cm lang und eine Spitze sollte er haben. Zwischen 40 cm und 70 cm sollten Einkerbungen sein. Eine feste und eine verschiebbare Querschiene von 13 cm Länge sollte ebenfalls angebracht sein.

3. Die Spielidee

Die Spielidee ist, die eigenen Kugeln näher an der Setzkugel zu platzieren, als die gegnererische Partei. Solang die gegnerische Kugel besser liegt, ist man am Zug (setzen oder schießen).
Für jede Kugel, die nach einem Durchgang näher am Pallino liegt, als die beste Kugel des Gegners, wird jeweils ein Punkt gewertet.

Ein Durchgang ist vorbei, wenn beide Parteien alle Kugeln gespielt haben. Anschließend spielt man von der anderen Bahnseite.

Das Spiel ist zu Ende, sobald man 15 Punkte erreicht. Man kann jedoch auch bis zu elf oder zwölf Punkte spielen.

4. Die Mannschaften

Es spielen zwei Parteien gegeneinander:
- Einzel: 4 Kugeln pro Spieler
- Doppel: 2 Kugeln pro Spieler (4 Kugeln je Mannschaft)
- Dreier: 2 Kugeln pro Spieler (6 Kugeln je Mannschaft).

5. Der Spiel-Ablauf

a) Einwurf des Pallino

Am Anfang des Spiels wird der Pallino auf den Punkt P (P') gelegt. Im Verlauf des Spiels wirft die Partei den Pallino ein, die den letzten Punkt gemacht hat.
- Anlauf bis zur Linie B (B')
- Der Pallino muss beim Einwurf im Bereich der Linien D – B' bzw. D – B ohne vorherige Bodenberührung zum Liegen kommen.
- Der Mindestabstand zur Seitenbande beträgt 13 cm

b) Setzen

- beim Setzen versucht man die eigene Kugel so nah wie möglich an den Pallino heranzurollen.
- Anlauf bis zur Linie B (B')
- Der Schuss ist ungültig, wenn eine Kugel oder der vom Pallino um mehr als 70 cm vorgeschoben wird, gemessen vom Kugelmittelpunkt.
Die ungültige Kugel kommt aus dem Spiel, der Spieler muss nochmals setzen.

c) Schuss

Vor jedem Schuss muss man dem Schiedsrichter mitteilen, mit welcher Schussvariante (Raffa oder Volvo) man welche Kugel schießen will.

- Raffa:

Anlauf bis zur Linie B (B')

Die geworfene Kugel darf erst hinter der Linie aufsetzen.

- Volvo

Die geworfene Kugel darf nicht weiter als 40 cm vor der Zielkugel aufschlagen (Schiedsrichter muss erst markieren).

d) Bandenberührung

Wenn die Kugel die Bande berührt, ohne vorher eine andere Kugel getroffen zu haben, ist der Wurf ungültig.

e) Vorteilsregel

Die Vorteilsregel ist das Recht einer Mannschaft, einen nicht regulären Wurf des Gegners unter Einbeziehung aller daraus ergebender Folgen für gültig zu erklären. Bevor der Schiedsrichter eine Kugel entfernt, muss das gegnerische Team gefragt werden, ob Sie den Vorteil nutzen und damit der Wurf gezählt wird.

f) Bersaglio

Ist der Abstand zweier Kugeln geringer als 13 cm, so sind diese „bersaglio" und werden somit also zusammengehöriges Ziel betrachtet. (Wichtig beim Schießen).

6. Schiedsrichter

Leiter des Spiels, er hat die Aufgabe, die Positionen der Kugeln auf dem Spielfeld zu markieren und Abstandsmessungen durchzuführen.

Er hat bei ungültigen Würfen die geworfene Kugel zu annullieren und die verschobenen Kugeln zurück auf ihren ursprünglichen Platz zu stellen, sofern die Vorteilsregel nicht in Anspruch genommen wird.

9.3.3. Outdoor Riesen-Mikado

Spieler: 2 oder 4 Personen
Alter: 6- 99 Jahre -
EK-Wert: ca. 20 €

Bestandteile des Spieles:
* 25 Stäbe aus Holz, ca.78 cm lang
* Netz-Transportbeutel
* ein breites schwarzes Klettband zum Zusammenhalten der Stäbe bei Transport
* Spiel-Anleitung

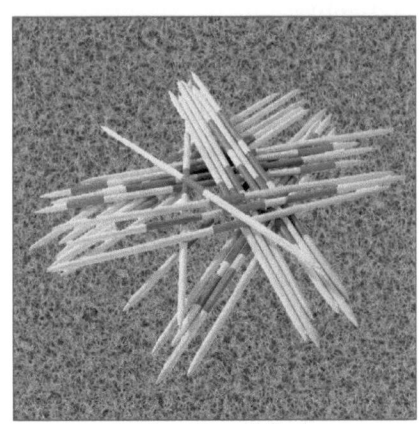

Outdoor-Riesen-Mikado

Spielregeln für das Mikado-Spiel mit 25 Stäben:
* Mikado kann von 2 oder 4 Spielerinnen und Spielern gespielt werden. (immer mit 2 Mannschaften).
* Gespielt wird in der Regel auf Rasen- oder Sand-Grund.
* Die Stäbe werden von einem Spieler in einer oder 2 Händen gebündelt und etwas verdreht (gemischt) und dann mit den Spitzen der Stäbe auf den Boden gestellt.
* Jetzt lassen Sie die Stäbe los –sie fallen in alle Richtungen.
* Bei schlechter Verteilung ist es erlaubt, die Stäbe nochmals aufzunehmen und neu fallen zu lassen.
* Beim Spiel geht es darum, die Stäbe mit Händen und Füßen einzeln hoch zu ziehen, ohne dass andere Stäbe sich dabei bewegen. Sie können z.B. mit einem Fuß oder mit einer Hand das eine Ende eines Stabes nach unten drücken, damit das andere Ende nach oben wippt und frei von den anderen Stäben ist und aufgenommen werden kann.
* Wenn andere Stäbe sich bewegen, ist der nächste Spieler an der Reihe.
* Das Spiel ist vorbei, wenn der letzte Stab aufgesammelt worden ist.
* Es gewinnt, wer die meisten Punkte erreicht hat.

Stäbe, Farbmarkierungen und Punkte

Anzahl	Farben	Punkte pro Stab	Gesamtpunkte
2	grün-blau-grün	10	20
2	blau-rot-blau	5	10
21	gelb-rot-gelb	2	42
25	Insgesamt		72

9.3.4. Wikingerschach
(auch Kubb genannt)

Spieler: 2 oder 12 Personen
Alter: 6- 99 Jahre -
EK-Wert: ca. 40 €

Bestandteile des Spieles:
- 6 runde Wurfhölzer
- 4 dünne, runde und angespitzte Spielfeld-Begrenzungshölzer
- 10 Holzquader (Kubbs)
- 1 König mit rotem Kopf
- Spiel-Anleitung

Wikinger-Schach oder KUBB

Wikingerschach/Kubb Spielregeln und Spielablauf
Nach der Spielvorbereitung (Aufbau des Kubb Spielfeldes und bestimmen, welche Mannschaft beginnt) geht es los und es kann gespielt werden.

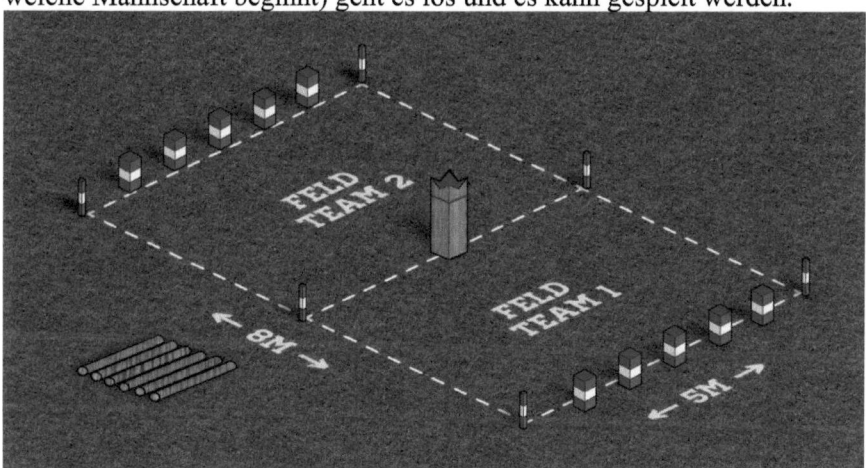

Das Spielfeld

Weil es wirklich viele Spielvarianten bis hin zu Meisterschafts- varianten gibt, zeigen wir hier unsere leicht erlernbare „Einstiegsversion"!

Der Aufbau erfolgt nach obigem Plan.
Weil es wirklich viele Spielvarianten bis hin zu Meisterschaftsvarianten gibt, zeigen wir hier unsere leicht erlernbare „Einstiegsversion"!

Der Aufbau erfolgt nach obigem Plan.

Das Spielfeld ist insgesamt 5m x 8m groß. Jedes Team hat je einen eigenen Bereich von 5m x 4m und und an der größeren Seite stehen aufrecht jeweils 5 Bauern, auch Kubbs genannt.

Ziel des Spieles: Team A spielt gegen Team B. Ziel ist es, mit maximal 6 Wurfhölzern je Team den König, der in der Mitte des Spielfeldes steht, um zu werfen. Aber zuerst müssen die Bauern-Steine, die KUBBS, von denen je 5 auf der Grundlinie eines jeden Teams stehen, umgeworfen werden.

Wird dabei schon aus Versehen der König umgeworfen, bevor alle Kubbs umgeworfen wurden, ist das Spiel zu Ende. Das umwerfende Team hätte in diesem Fall das Spiel verloren.

Spielstart – Wer fängt an?

Von jedem Team wirft ein Teilnehmer 1 Wurfholz in die Nähe des Königs. Wessen Wurfholz am nächsten am König liegt, der fängt an!

Spiel-Ablauf

Team A wirft mit seinen 6 Wurfhölzern nacheinander auf die Kubbs, die auf der Grundlinie des Teams B aufrecht aufgestellt sind. Geworfen werden darf nur, indem man das Wurfholz längs und von unten herauf auf die gegnerischen Kubbs wirft. Geworfen wird auch bis alle 6 Wurfhölzer verworfen worden sind.
Horizontal kreiselnde Würfe sind verboten!

Die Kubbs, die Team A auf der Grundlinie von Team B umgeworfen hat, wirft Team B in Spielfeld und zwar in den Bereich von Team A und stellt diesen Kubb auf.

Der Grundlinien-Kubb (ehemals von Team B) wurde jetzt zum „Feldkubb" und Team B versucht diesen Kubb umzuwerfen. Wird er getroffen fliegt dieser Kubb aus dem Spielfeld – er ist aus dem Spiel raus.

Jetzt wirft Team B die restlichen Wurfhölzer auf die Grundlinien-Kubbs von Team A.

Wird aber jetzt der im gegnerischen Feld aufgestellte Kubb nicht umgeworfen, darf Team A vorrücken und zwar in das Spielfeld und an die Stelle, wo der Kubb steht.

Der Spieler ist also jetzt näher an den gegenerischen Grundlinien-Kubbs und kann daher diese aufgrund der kürzeren Entfernung leichter umwerfen.

Wenn ein Team alle gegnerischen Grundlinien-Kubbs umgeworfen hat, dann darf der König getroffen werden.

Dazu stellt sich der Werfende mit dem Rücken zum Spielfeld, bückt sich und wirft zwischen seinen Beinen seine Wurfhölzer auf den König.

Der letzte Wurf auf den König

→ **Wird der König umgeworfen, ist das treffende Team der Sieger und es bekommt jeder Team-Teilnehmer 4 Punkte gut geschrieben!**

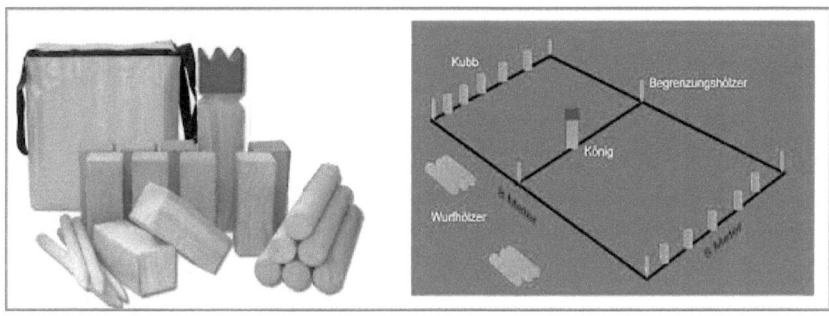

9.3.5. Das Klettwesten-Wurfspiel

Spieler: 2 Personen
Alter: 6- 99 Jahre -
EK-Wert: ca. 20 €

Bestandteile des Spieles:
- 2 Klettwesten
- 4 Wurfbälle
- ein blauer Transport-Beutel
- Spiel-Anleitung

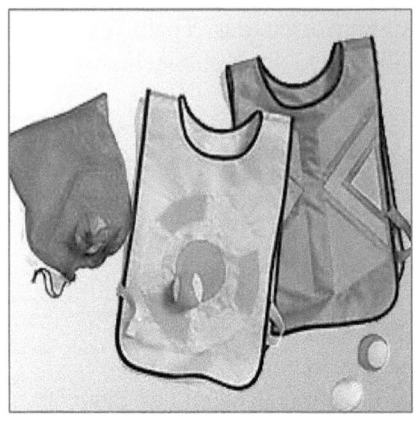

Spielregeln für das Klettwesten-Abwurfspiel:
Ein Ab-Wurfspiel mit 2 Klettwesten und 4 Klett-Bällen (im Transportbeutel) bietet 2 „Kontrahenten" großen Spaß, auf einer Wiese oder am Strand!

Diverse Spielvarianten sind denkbar – es steht in der Kreativität der Spieler!

Bei einem Treffer auf der Weste, bleibt der Ball „kleben" – dazu dient ein Bezug aus Klettband. Wer die meisten Treffer gemacht hat, ist der Sieger einer Runde.

9.3.6. Das Frisbee-Wurfspiel

Spieler: 2 bis 10 Personen
Alter: 6- 99 Jahre -
EK-Wert: ca. 15,-- € Standard-
und Supergröße ca. 25,-- €

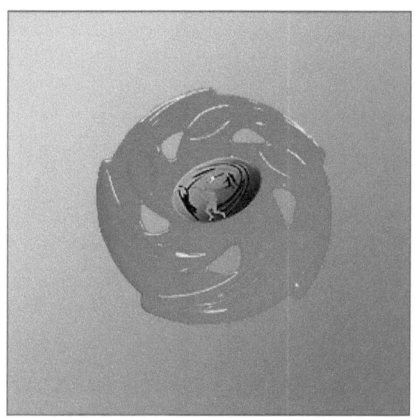

Bestandteile des Spieles:
- 1 Frisbee Standardgröße, 25cm
- 1 Super-Frisbee, ca. 80cm
- Spiel-Anleitung
- Anleitung ULTIMATE, Frisbee-Mannschaftssport

Spielvariationen für das Frisbee-Spiel

1. Beim Spiel mit 2 Personen wirft man sich die Scheibe zu, die gegenüberstehende Person sollte die Scheibe im Flug auffangen.

2. Mit mehreren Personen kann man sich auch in Form eines großen Kreises aufstellen mit mindestens 5m zwischen den Personen. Man wirft zum Nachbarn oder zur gegenüberliegenden Person nach freier Auswahl

3. oder man spielt mit 2 Mannschaften, wie in den folgenden 10 Regeln des ULTIMATE-Mannschaftsspiel beschrieben wird (s.u.).

4. Man kann auch gegen den Wind werfen und wenn man es richtig beherrscht, dann kommt die Frisbee-Scheibe wieder wie ein Boomerang zurückgeflogen.Überhaupt gibt es viele Flugfiguren die man einüben kann!

Standard-Frisbee und Super-Frisbee

Der Frisbee-Mannschaftssport ULTIMATE

10 einfache Regeln für das Frisbee-Spiel als Mannschaftssport:

1.   Spirit of the Game

Picknick-Bremen betont die Sportlichkeit, Anstand und Fair-Play. Kämpferischer Einsatz wird zwar gefördert, darf aber niemals auf Kosten des Respekts vor dem Gegner, der Regeln und dem Spaß am Spielen gehen.

2.   Spielfeld

Ein offizielles Spielfeld ist 100m lang und 37m breit. Davon ist das Hauptspielfeld 64m lang, und die jeweiligen Endzonen 18m tief. Je nach Spieleranzahl kann das Spielfeld verkleinert werden. Die Relationen der Spielfeldteile sollten ungefähr 3/5 Spielfeld und je 1/5 Endzone betragen.

3.   Spielbeginn

Jeder Punkt beginnt mit der Aufstellung der beiden Mannschaften à je sieben Spielern an der Grundlinie (in der Halle fünf gegen fünf). Die verteidigende Mannschaft wirft die Scheibe zur angreifenden Mannschaft (Anwurf).

4.   Bewegung der Scheibe

Die Scheibe darf in jede Richtung des Spielfeldes geworfen werden. Mit der Scheibe darf man nicht laufen. Der Werfer hat zehn Sekunden Zeit die Scheibe abzuwerfen. Der direkte Verteidiger (Marker) zählt den Werfer laut im Sekundentakt an.

5.   **Punktgewinn**
Die angreifende Mannschaft erzielt einen Punkt, wenn ein Mitspieler die
Scheibe in der Endzone des Gegners fängt. Die Mannschaft mit dem
Punktgewinn bleibt auf dieser Seite, die andere Mannschaft muss die
Spielfeldseite wechseln.

6.   **Scheibenwechsel**
Wenn ein Pass vom Mitspieler nicht gefangen werden kann (Scheibe
berührt den Boden, fliegt ins Aus oder der Gegner fängt sie ab), kommt die
verteidigende Mannschaft sofort in Scheibenbesitz und greift nun an.

7.   **Auswechseln**
Spieler dürfen nur nach einem Punkt oder nach einer Verletzung
ausgewechselt werden.

8.   **Körperkontakt**
Zwischen Spielern ist kein Körperkontakt erlaubt. Darauf haben alle Spieler
zu achten. Das Behindern der Verteidigung durch einen angreifenden
Spieler wie im Basketball ist ebenfalls verboten („Pick") Jede
Körperberührung ist ein Foul.

9.   **Foulspiel**
Wenn ein Spieler einen Gegenspieler berührt, ist das ein Foul. Foul ruft der
Spieler, der gefoult wurde. Wenn die Scheibe dem Angreifer dabei
verlorengeht, wird das Spiel unterbrochen und nach einem „Check"
fortgesetzt, als wäre das Foul nicht passiert. Ist der foulende Spieler mit dem
Foulruf nicht einverstanden, so wird der letzte Pass wiederholt.

10.   **Selbstverantwortung**
Es gibt keine Schiedsrichter. Jeder Spieler ist selbst dafür verantwortlich
Fouls oder Linienverstöße (erster Bodenkontakt muss in sein, die Linie zählt
zum Aus). anzuzeigen. Die Spieler regeln ihre Meinungsverschiedenheiten
in fairer Weise.

9.3.7. Federball oder Badminton

Spieler: 2 bis 4 Personen
Alter: 6- 99 Jahre -
EK-Wert: ca. 15,-- €

Bestandteile des Spieles:
* 2 Federball-Schläger
* 2 Federbälle
* Spielanleitung
* Transporttasche

Spiel-Anleitung
Auch wenn der Begriff Federball und Badminton oft gleichwertig
verwendet werden und auch jeweils mit gleichartigen Schlägern und einem
Federball gespielt werden, gibt es doch einen großen Unterschied zwischen
den beiden Spielarten.

So bezeichnet das Federball Spiel die Freizeitsportart, welche meist im
Garten oder auf Wiesen zwischen zwei Spielern gespielt wird und bei der es
so gesehen keine Regeln gibt.

Das Ziel besteht meistens darin den Federball so oft wie möglich hin und
her zu schlagen, ohne dass er auf den Boden fällt.

(Beim Badminton ist meist ein Netz gespannt und das Ziel besteht im darin,
dass der Gegenspieler den Federball nicht erwischt und dieser zu Boden
fällt. Dies ist jedoch schwerer zu erreichen als gedacht, da beim Badminton
ein bestimmtes Regelwerk eingehalten werden muss.)

Weil wir kein Netz einsetzen, handelt es sich hier um „Federball"!

Spielregeln
Federball ist ein beliebtes Freizeitspiel, welches mit einem Schläger und
einem Federball praktiziert wird. Durch den Aspekt, dass es hier nicht
darum geht, das Spiel zu gewinnen, ist es besonders bei Kindern und jungen
Familien sehr beliebt. Es wird oft in der Freizeit praktiziert und ist ein
angenehmer Zeitvertreib für alle.

Grundlegende Aspekte der Sportart Federball

Im Grunde genommen ist Federball der Sportart Badminton sehr ähnlich. Anders als beim Badminton geht es jedoch beim Federball nicht darum, das Spiel zu gewinnen bzw. mehr Punkte als der Gegner zu erzielen, sondern darum, den Ball für eine maximale Zeitspanne in der Luft zu halten und somit möglichst oft hin und her zu spielen. Federball ist ein Freizeitsport, während Badminton als Wettkampfsport angesehen wird.

Beim Federball gibt es kein festes Regelwerk und somit auch keine feste Beschreibung, wie das Spielfeld auszusehen hat.

Es empfiehlt sich aber verständlicherweise, das Spielfeld zu nehmen, welches auch beim Badminton genutzt wird. Dieses ist 13.40 Meter lang und 6,10 Meter breit. Federball kann aber auch problemlos im Garten, am Strand oder im Park gespielt werden. Eine feste Spielfeldgröße ist nicht zwingend nötig.

Wichtige beachtenswerte Aspekte beim Federball

Es gibt verschiedene Möglichkeiten, Federball zu spielen. Die häufigste Variante ist die bereits beschriebene Art, den Ball möglichst häufig hin und her zu spielen. Hier ist es üblich, dass dies von zwei Spielern geschieht. Es können aber auch problemlos mehrere Spieler miteinander spielen. Diese können sich beispielsweise im Kreis aufstellen und müssen sich nicht an einem rechteckigen Spielfeld orientieren.

Eine andere Variante ist es, ein Netz oder eine Schnur zu spannen und das Spiel ein bisschen mehr dem Badminton anzulehnen, indem man in einer Art Wettkampf um Punkte spielt. Ein Federball wiegt zwar nur zwischen 4,73 und 5,50 Gramm und wird somit leicht vom Wind weggetragen, dennoch wird Federball meistens im Freien und nicht - wie zum Beispiel beim Badmintonsport üblich - in einer geschlossenen Halle gespielt. Es gibt mit Kunststofffederbällen und Naturfederbällen zwei verschiedene Arten von Spielbällen.

Schlagarten und Schlägervarianten beim Federball

Die verwendeten Schläger und Federbälle müssen nicht von einer solch hohen Qualität wie beim Badminton sein. Es genügt oftmals, auf günstige Varianten zurückzugreifen, da es in erster Linie darum geht, Spaß zu haben. Eine teure und professionelle Ausrüstung ist nicht notwendig. Auch beim

Federball ist eine Vielzahl von Schlagarten möglich, die in ihrer Stärke von heftigen Schmetterbällen zu leichten Stoppbällen reichen. Dies erfordert von den Spielern je nach Spiellänge und -intensität sowohl Schnelligkeit als auch Ausdauer.

Ein Federball-Schläger wiegt in der Regel zwischen 80 und 120 Gramm und kann somit auch von Anfängern problemlos bedient werden. Grundsätzlich unterscheidet man zwischen grifflastigen Schlägern für defensive Spieler, kopflastigen Schlägern für angriffslustige Spieler sowie ausgewogenen Schlägern für den Allrounder. Preiswerte Federballschläger sind durch einen Schlagkopf und Schaft zu einem T-Stück verbunden, was sich jedoch nachhaltig auf Gewicht und Spielgeschwindigkeit auswirken kann.

9.3.8. 2-Leiner Lenkdrachen-Matte

Spieler: 2 Personen
Alter: 6- 99 Jahre -
EK-Wert: ca. 15,-- € Standard-
und Supergröße ca. 25,-- €

Bestandteile des Spieles:
*   1 gelb-roter Lenkdrachen-
    „Matte" aus Drachenseide, inkl.
    „Drachenwaage aus Seil"
*   2 Spulen und runde Haltegriffe
    inkl. Drachenschnur (jeweils ca.
    20m lang)
*   Eine Tasche zum Transport des Spiels
*   Spiel-Anleitung

Wichtige Sicherheitshinweise - Achten Sie bitte auf:
*   dass sich im Abstand von ca. 100m von Ihrem Standort zum Drachenfliegen weder **Strommasten** noch **Telefonleitungen** befinden. **Bei Berührung des Drachens oder der Leinen mit stromführenden Leitungen besteht absolute LEBENSGEFAHR**, bei Berührung von Telefonleitungen könnten größere Schäden am Drachen und an den Leitungen entstehen,

- dass sich im Abstand von ca. 100m von Ihrem Standort zum Drachenfliegen weder Personen noch Tiere befinden. Auch wenn der Drachen keine Stangen hat, so kann bei einem Absturz die Wucht, durch die aufgeblasenen Luftkammern, so gross sein, dass bei Absturz und Personenkontakt große Personen- oder Tierschäden entstehen können. Daher ist an einigen Stränden das Drachenfliegen nur in abgegrenzten und speziell ausgewiesenen Bereichen erlaubt!

Anleitung für das Lenkdrachen-Fliegen

Zusammenbau des Drachens

Dieser Lenkdrachen wird oft auch als „Matte" bezeichnet, weil er keinerlei Streben oder Leisten benötigt. Statt dessen blasen sich „Luftkammern" im Drachen auf, wenn er richtig im Wind steht!

Leinen am Drachen =Drachen-Waage

Der Drachen ist eigentlich RTF (ready to fly). Aber einige kleine Verbindungen müssen gemacht werden, wir z.B. die Befestigung der beiden Leinen am Drachen.
Dazu müssen zuerst die beiden Leinen, die auf den bunten Rundspulen-Haltegriffen aufgerollt

● = Leinen anknüpfen

sind, erst mal mit dem Drachen verbunden werden (siehe Foto unten).

Drachenwaage - so werden die Leinen mit der Waage verbunden

Am Drachen selbst ist eine sogenannte Waage aus Seilen angebracht und die Leinen werden an jeweils eine Seite der Waage" angeknüpft.

Drachen starten

Mit 2 Personen geht der Start am besten. Voraussetzung ist natürlich ein möglichst gleichbleibender Wind von mindestens Windstärke 2, maximal aber Windstärke 5.

Eine Person hält den Drachen und bleibt stehen, die 2. Person geht gegen die Windrichtung und spulte dabei die beiden Leinen von den Spulen ab. Dabei muss darauf geachtet werden, dass sich die Leinen nicht gegenseitig verdrillen – also sollten die Leinen auf Spannung gehalten werden, das ist der beste Schutz gegen das Verdrillen

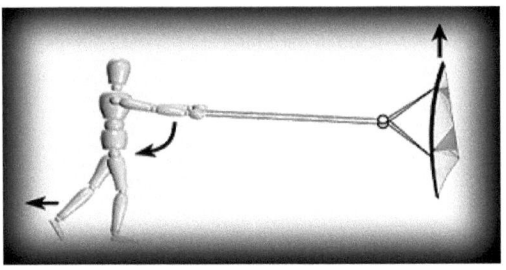 Wenn die Leinen von den Spulen abgerollt sind du die Leinen stramm gehalten werden, muss die Person, die den Drachen an den Enden bei beiden Armen weit auseinander hält, den Drachen in den Wind halten und auf ein Kommando Richtung der 2. Person loslaufen.

Dabei läuft der „Spulen-Träger" auch los. Auf ein 2. Kommando wirft dann die 2. Person den Drachen in die Luft und der Spulen-Träger läuft weiter. Das bedarf natürlich einiger Übung und etlicher Versuche, sowie freies Gelände (siehe Oben „Sicherheitshinweise") und natürlich Wind.

Drachen lenken

Wenn der Drachen oben ist und richtig im Wind steht, dann bläst er quasi dem Spulenträger in den Rücken. Es entsteht ein sogenanntes „Wind-Fenster" (siehe Bild), in dessen Randbereichen links und rechts der Wind am schwächsten ist, während er in der Mitte des „Wind-Fensters",wo der Wind am stärksten bläst, die Luftkammern gefüllt haben.

Mit den beiden Leinen kann man jetzt den Drachen steuern. Zieht man z.B. die linke Leine etwas an, fliegt der Drachen nach links, zieht man an der rechten Leine, steuert er nach rechts.

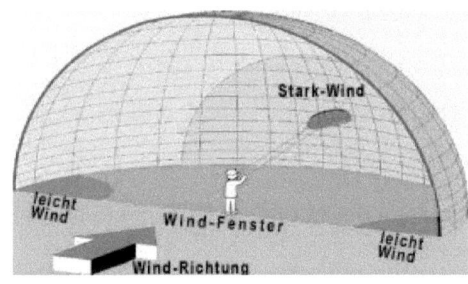

Zieht man beide Leinen gleichmäßig an, steigt der Drachen, lässt man beide Leinen etwa los, sinkt der Drachen.

Drachen landen
Landen ist im Gegensatz zum Starten einfach: Matte aus Windfenster fliegen, paar Schritte nach vorne und die Lenkmatte klappt wie eine Tüte ein und fällt gegen Boden. Passt. Zusammenwickeln. Dadurch, dass die Lenkmatte zusammen gewickelt ist, kann sie auch nicht mehr vom Wind aufgebläht werden.

9.3.9. Würfelspiel „17+4"
Spieler: 2 Personen und mehr
Alter: 6- 99 Jahre -
EK-Wert: ca. 10,-- €

Bestandteile des Spieles:
- 1 großer Schaumstoff-Würfen, ca. 16x16 cm
- Spiel-Anleitung

„17+4" mit einem Riesenwürfel

Dauer: 15 - 20 Minuten oder länger, Alter: egal, Gruppengröße: aber bereits mit 1-2 Personen spielbar,

Spielbeschreibung
Im Prinzip funktioniert dieses Würfelspiel genauso wie das bekanntere Kartenspiel:

- Die Teilnehmer müssen per Würfel versuchen, eine Zahl zwischen 17 und 21 zu erreichen.

- Wer genau auf dem Wert 21 landet, hat gewonnen, ansonsten zählt die höchste Zahl.

- Wer dagegen über die 21 hinaus kommt oder die 17 nicht erreicht, scheidet aus.

- Die Teilnehmer können dafür beliebig oft würfeln, sie allein können entscheiden, wann sie aufhören.

Der gravierende Unterschied zum Kartenspiel: beim Würfeln können alle Teilnehmer den Wert der Würfe verfolgen, während die Karten bis zum Schluss verdeckt sind.

Das Spiel läuft über 3 Runden! <u>Eine Runde ist dann zuende</u>, wenn <u>der erste Spieler</u> genau seine Wurfergebnisse auf 21 Punkte addieren kann.

9.3.10 .Fahrrad-Rallye

Spieler: 2 Personen und mehr
Alter: 6- 99 Jahre

Picknick lebt von Bewegung, Fahrten und Touren.

Um eine Fahrradtour mit Spielsequenzen zu garnieren haben wir eine „Fahrrad-Rallye" mit verschiedenen Aufgaben entwickelt. Der entsprechende Aufbau der jeweiligen **Parcours** kann in der Bemaßung variiert werden, um die Fahrtschwierigkeit zu reduzieren.

Die Aufgaben und die Spielregeln

1. Rad-Langsamfahren (Slow-Biking)

Dazu ist eine Bahn von je ca. **1m Breite und 5m Länge** abzustecken. Die Fahrer haben die Aufgabe, die Strecke zwischen Start und Ziel im „**Schneckentempo**" zurückzulegen, ohne unterwegs umzukippen und ohne die **Grenzen** links und rechts zu überfahren.

Für jedes „**Umfallen**" und „**Überfahren**" werden der gefahrenen Zeit als **Strafe zwei Sekunden zugerechnet**.

Jeder Fahrer wird von einem Schiedsrichter begleitet, der die **Fahrzeit stoppt** (heutzutage ist in jedem Smartphone auch eine Stoppuhr-App) und die Strafsekunden bestimmt.

--> Das Spiel ist zu Ende, wenn jeder Teilnehmer den Kreis-Parcours 2 Mal durchfahren hat.

Dann werden die Fahrzeiten und die Strafsekunden pro Teilnehmer errechnet.und d**er „langsamste" Fahrer ist Sieger!**

2. Kreis fahren (Circle-Biking)

In einem sehr engen **Kreis** mit einem Durchmesser von ca. **3 Metern** (ausprobieren) müssen so viel Runden wie möglich gefahren werden, ohne dass mit einem Rad die **Kreisbegrenzung überfahren** wird, oder vom Rad abgestiegen wird. I

n der Mitte des Kreises steht ein Kegel (oder eine Tasche oder Rucksack). Es wird per Stoppuhr die Zeitgemessen!

→ Das Spiel ist beendet, wenn der erste Teilnehmer erfolgreiche 4 Runden fehlerfrei geschafft hat. Wenn mehrere Teilnehmer 4 fehlerfreie Runden geschafft haben, gewinnt der Schnellste, der Teilnehmer mit der besten Zeit.

3. Slalom (Bicycle Slalom)
Es wird eine Strecke , ein Parcours vom 10m abgesteckt und alle 80cm ein Hindernis (Rucksack,Tasche, etc.) aufgestellt.

Dieser Parcours muss im Slalom mit dem Fahrrad abgefahren werden, ohne dass die Füße die Pedalen verlassen und den Boden berühren.

Passiert so ein Fehler, dann hat der Fahrradfahrer eine **2. Chance** und darf noch einmal den Parcours abfahren.

Kommt der erfolgreich durch den Parcours, zählt die gemessene Zeit für die 10m-Slalomfahrt-

→ Das Spiel ist zu Ende, wenn alle Teilnehmer den Slalom-Parcours gefahren sind. Sieger ist derjenige, der die schnellste Zeit für eine fehlerfreie Fahrt erreicht hat.

9.3.11. Disc Golf
Spieler: 2 Personen und mehr
Alter: 6- 99 Jahre

Bestandteile des Spieles:
*   1 Frisbee-Scheiben
*   besser sind
    3 verschieden
    große Scheiben
*   Spiel-Anleitung

Das Spiel
Disc-Golf ist ein Frisbee-Sportspiel, auch ähnlich dem Golfen, bei dem versucht wird, von einem festgelegten Abwurfpunkt (**Tee**) mit möglichst wenigen Würfen eines **Frisbees** Körbe zu treffen. Die Wurfsportart benötigt keine eigenen Plätze, sondern wird üblicherweise in vorhandene öffentliche Grün- oder Sportanlagen integriert.

Spiel-Beschreibung

Die für einen Kurs benötigten Würfe werden zum einem abschließenden Ergebnis addiert.

Nach den Abwürfen spielt jeweils derjenige zuerst, dessen Scheibe am weitesten vom Korb entfernt liegt.

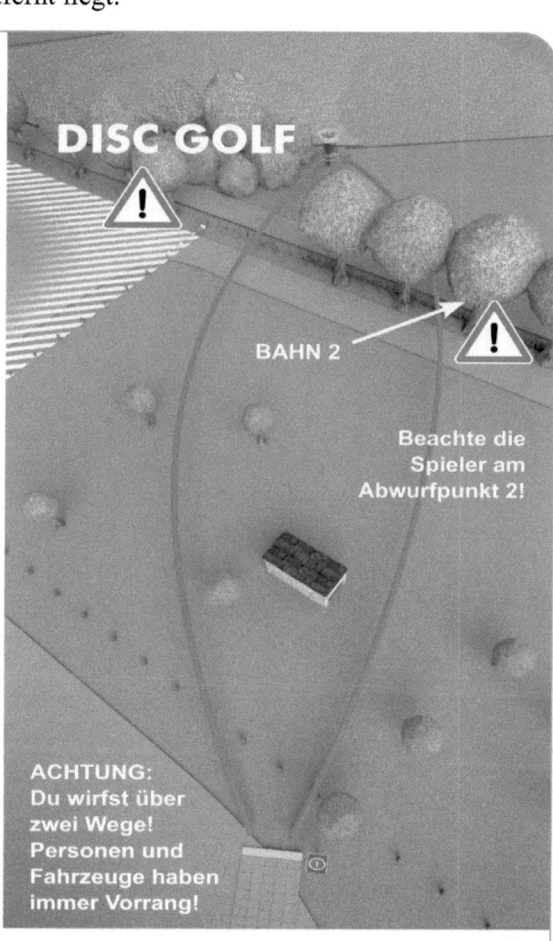

Bahn: 1
Länge: 107 m
Par: 3

BENUTZUNGSORDNUNG

Jeder muss sich VOR dem Werfen vergewissern, dass sich niemand auf der Spielbahn befindet. Mitspieler* stehen immer HINTER dem Werfenden. Oberstes Gebot ist die Rücksichtnahme auf Fußgänger, Radfahrer, Autos, Tiere und der schonende Umgang mit der Natur. **Jeder Spieler ist für Sach- & Personenschäden persönlich haftbar!** Eine gültige Haftpflichtversicherung ist Pflicht. Disc Golfen ist für Kinder unter 14 Jahren nur in Begleitung Erwachsener erlaubt. **Die Benutzung erfolgt auf eigene Gefahr.** Sie ist bei Dunkelheit, Gewitter und Alkoholeinfluss untersagt. Es erfolgt kein Winterdienst. Bitte hab Verständnis, dass bei Hochwasser und Veranstaltungen diese Bahn als gesperrt gilt.

DISC GOLF

BAHN 2

Beachte die Spieler am Abwurfpunkt 2!

ACHTUNG:
Du wirfst über zwei Wege!
Personen und Fahrzeuge haben immer Vorrang!

Pflichtvorgaben:

Mitspieler sollten mit großem Abstand seitlich vom Werfenden stehen, damit nicht-einsehbare Bereiche als frei und bespielbar erkannt werden können. Klettern auf das Gebäude ist untersagt! Gebäude und gelb markierter Bereich sind Strafzonen. Kommt die Scheibe dort vollständig zu liegen, gibt es einen Strafpunkt.

Jede Bahn eines Kurses ist mit einem **Par** versehen, also einer vorgesehenen Anzahl an Würfen. Üblich sind Par 3 und 4.

Die Länge einer Bahn schwankt etwa zwischen 50 und 200 Metern. Die Kurse sind üblicherweise für jedermann frei zugänglich. Es gibt sowohl feste Kurse mit eigens installierten Ziel-Körben als auch Naturkurse, bei denen zum Beispiel auf Bäume oder Laternenpfähle geworfen wird. Man kann aber auch einen eigenen Kurs oder Parcours auf freiem Feld in oder im Wald entwickelt.

Wir benutzen als Korb einen runden Papierkorb, oder eine Plastikkiste.

Disc-Golf ist ein junger Sport für jede Generation, vom Grundschulkind bis ins hohe Seniorenalter. Entspannte Bewegung in der freien Natur, Spielspaß von ersten Augenblick an und das soziale Miteinander machen Disk-Golf zu einem tollen Erlebnis für Familien und Gruppen.

Beim Abwerfen kann auf das Flugverhalten der Discs eingewirkt werden, indem man ihren Neigungswinkel verändert. Wirft man die Discs mit der Außenkante zur Erde geneigt ab, wird dies als *Hyzer* bezeichnet; eine (rechtshändig und rückhändig) derart geworfene Disc wird eine starke Linkskurve beschreiben. Neigt man die Disc hingegen von der Erde weg und provoziert so eine Rechtskurve, so spricht man von *Anhyzer*. Auch die Rotationsgeschwindigkeit der Disc oder der Wind beeinflussen die Fluglage.

Wir spielen mit 3 unterschiedlichen Frisbees:

1. ein Standard-Frisbee von ca. 23cm Durchmesser
2. ein modifizierter Frisbee von ca. 26cm Durchmesser
3. und eine riesiges Ring-Stoff-Frisbee mit einem Durchmesser von ca. 80cm

Was beim Golf die verschiedenen Schläger sind, sind bei uns verschiedene Frisbees.

Die Spiel-Regeln

Disc-Golf zählt im weitesten Sinne zu den **Golfsportarten** und wird daher nach ähnlichem Muster gespielt.

1. Es gibt einen Startpunkt und als Zeil einen Korb (grauer offener Kasten).
2. Alle Teilnehmer spielen gegeneinander.
3. Der Abwurf oder *Drive* auf einer Bahn wird von einem bestimmten Ort vorgenommen,
4. alle weiteren Würfe erfolgen von dem Punkt, an dem die vorher geworfene Scheibe zum Liegen kam.
5. Für jeden Wurf kann ein anderes Frisbee verwendet werden. Die für einen Kurs/eine Bahn benötigten Würfe werden zum abschließenden Ergebnis addiert.
6. Spielen mehrere Personen einen Kurs ab, so beginnt an einer Bahn der Spieler mit der niedrigsten Zahl an benötigten Würfen bei der vorhergehenden Bahn.
7. Nach den Abwürfen spielt jeweils derjenige zuerst, dessen Scheibe am weitesten vom Korb entfernt liegt.
8. Sieger ist, wer mit den wenigsten Würfen eine Scheibe im Korb versenkt.

Die Wurf-Technik

Disk-Golf lebt davon, eine Scheibe variantenreich zu werfen. Die ausgedachte Flugbahn kann durch Auswahl der richtigen Scheibe leichter erreicht werden.Wichtiger ist aber immer die Wurf-Technik.

Rückhand

Der Rückhandwurf ist eine geeignete Technik für weite (Ab) Würfe. Du stehst (als RechtshänderIn) seitwärts, mit der rechten Schulter zum Kopf zeigend. Dabei gehst du bei leicht gespreizten Beinen etwas in die Knie. Mittelfinger bis kleiner Finger schmiegen sich unter den inneren Rand und die Unterfläche der Disc. Der Daumen liegt auf der Disc. Dem Zeigefinger gegenüber. Die Scheibe wird in einer durchgehenden, gradlinigen, horizontalen Bahn von links möglichst direkt vor der Brust entlang nach rechts geführt und bei ausgestrecktem Arm gleichzeitig von allen Fingern losgelassen. Die Bilder veranschaulichen diese Wurf-Technik.

Der Putt

Für das Putten gibt es verschiedene Techniken. Es ist eine ähnliche Technik sinnvoll, wie man sie vom Frisbee-Spielen am Strand kennt, also einem Abwerfen der Disc, mit Rückhand-Technik , aber vor dem Körper in Blickrichtung zum Korb.

→ **Das Spiel ist zu Ende, wenn <u>ein Spieler die Frisbee-Scheibe in den Korb / die graue Box geworfen</u> hat. Es werden die Würfe gezählt und der Teilnehmer, mit den wenigsten Würfen ist Sieger!**

Picknick macht Spaß

9.3.12. Fragespiel: „Wer bin ich?"

Spieler: 2 Personen und mehr
Alter: 6- 99 Jahre aber in einer ähnlichen Altersgruppe,weil Personen oder Sachen geraten werden müssen und da gilt ähnliches Wissenspotential!

Bestandteile des Spieles:
- 1 dicker Filzstift
- Post-It-Klebezettel
- Kopfband oder Krepp-Klebe-Band
- Spiel-Anleitungs

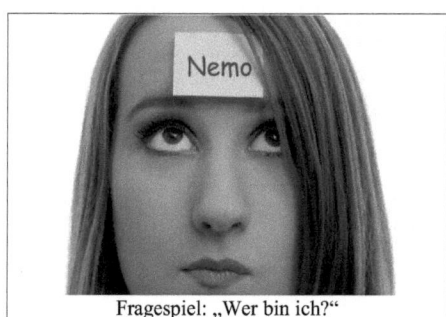

Fragespiel: „Wer bin ich?"

Das Spiel **Wer bin ich?** (auch *Zettel vorm Kopf* und *Brett vorm Kopf* genannt) ist ein Ratespiel, bei dem die Mitspieler eine bestimmte Person (oder auch Tier, Gegenstand, oder einen Beruf etc.) verkörpern und durch geschicktes, **deduktives** Fragen herauszufinden suchen, wen oder was sie darstellen.

Vorbereitung
Benötigt werden Stifte, Zettel und Klebeband.

Jeder Spieler schreibt einen Zettel mit einem bekannten **Namen** (z.B. „Helmut Kohl", „Winnetou" oder „Bruce Willis") und **befestigt** diesen auf der Stirn **eines Mitspielers** (POST-IT-Zettel oder Befestigung mittels eines Stirnbandes, oder mit einem beschrifteten Kreppband etc.), ohne dass dieser die Information erfährt.

Haben nun alle eine derartige nur für die Mitspieler sichtbare Information an sich heften, beginnt das Spiel.

Verlauf
Der erste Spieler fragt in die Runde, wer oder was er denn sei ….Ein Spieler beginnt nun, den anderen Fragen über sich zu stellen, die diese mit Ja oder Nein beantworten können. Das Spiel beinhaltet häufig Fragen wie zum Beispiel: *„Bin ich weiblich/männlich?"*, *„Bin ich Sportler, Moderator, Schauspieler, Sänger u.a.?"*, *„Lebe ich noch?"* und *„Lebe ich in Deutschland/in den USA/u.a.?"*.

Ziel ist es, möglichst schnell die eigene Identität durch deduktive Fragen zu erraten

Die Fragen dürfen nur mit JA oder Nein beantwortet werden. Fragen mit „oder" sind nicht erlaubt, oder werden ganz einfach nicht beantwortet.

Wird eine Frage mit **Nein** beantwortet, ist der nächste Spieler im **Uhrzeigersinn** an der Reihe, Fragen zu stellen, um herauszufinden, wer er ist.

→ Das Spielende ist dann erreicht, wenn der erste in der Spielerrunde „seine„ Person" oder „Sache" erraten hat!

Design-Studie aus Holland: komplettes Picknick-Set als "Satteltaschen"

Welche Anlässe kann man zum Picknicken nutzen oder welche Veranstaltungen kann man mit einem gemeinsamen Picknick krönen? Wir haben hier einfach einmal einige Möglichkeiten aufgelistet, die zeigen, welche Spaßfaktoren mit Picknick-Ergänzung möglich sind zu erleben.

10. Willkommene Anlässe für ein privates Picknick

10.1. In Gemeinschaft genießen

Das schöne Wetter ausnutzen und u.U nette Leute dazu einladen:
- zum Sonnenbaden, Schwimmen,
- zum Spielen, zum Angeln, zum Bootfahren, zum Wandern,
- Ergänzung zu Besichtigungen, Touren und Besuch interessanter Locations/Ziele.

10.2. Feiertagen oder Anlässen zelebrieren

Picknick zu Festen wie:
- Ostern, Pfingsten, etc.,
- Mutter- und Vatertag, Valentinstag, Namenstag, National-Feiertag (Irland!),
- „Tanz in den Mai", „Jungesellen-Abschied",
- Picknick für 2 Verliebte (romantisches „tete a tete" als „rendez vous"),
- Hochzeitspicknick,
- Geburtstag oder andere Familien-Feste feiern,
- Beobachtung von Natur-Schauspielen,wie:

  - Sternschnuppen am Nachthimmel anschauen
    - Arietieden im Juni und Juli
    - Perseiden im Juli und August
    - Leonieden im November
    - Geminieden im Dezember
  - Mond, Sternbilder, Raumstation ISS am Nachthimmel beobachten,
  - Skyline bei Nacht, Sonnen-Unter- und Sonnen-Aufgang.

Eine Sternschnuppe am Nachthimmel im Juni aufgenommen beim Mitternachtspicknick

11.   Anlässe für Picknicks im Unternehmensbereich

Neben dem normalen Tagesablauf im Unternehmen, gibt es immer wieder Situationen, die Geselligkeit im fast privaten Rahmen bieten, wie Betriebsausflüge, Betriebs- und Jubiläumsfeiern, Weihnachtsfeiern, Kohl+Pinkel-Fahrten, etc.

Dass man diese Veranstaltungen mit Picknick ergänzen und abrunden kann, liegt auf der Hand. Es gibt aber auch Situationen im Unternehmen, die sich über die Integration von Picknick optimieren lassen, wie z.B.:

11.1. brain-storming-Seminare

Hier zeigen jahrzehntelange Beobachtungen, dass die Kreativität und Ideen-Findung in der freien Natur, also außerhalb von gewohnten Orten und

Outdoor-SeminarSituation

Gebäuden, wesentlich mehr positive Ergebnisse initiiert, als es unter traditionellen Strukturen und Abläufen möglich ist. Wenn man Picknick sogar mit Kreativ-Spielen verbindet, kann man den Output sogar noch steigern, weil die natürliche Umgebung, die Interaktions-anforderungen und die Gelöstheit auf die Teilnehmer stark positiv-stimulierend wirken.

11.2. Teambuilding

Ein für die Förderung von Gruppenarbeit erfolgreicher Rahmen, sind Rollenspiele unter ungewohnten Bedingungen.

Nur hier können sich spezielle Verhaltensstrukturen bei den Teilnehmern zeigen und dann auch bearbeitet werden, die unter „normalen betrieblichen Bedingungen" kaum greifbar und begreifbar sind.

Teambuilding: Balance-Übung

Ein Rollenspiel, in Form einer Expedition durch die Natur, mit dezidierten Aufgaben und deren Verteilung kann hervorragend durch Picknicks ergänzt werden.

11.3. Wissensvermittlung bzw. „Präsentation ohne Strom"

Wie oben schon unter „brainstorming Seminare" beschrieben, lassen sich auch Schulungen, Wissensvermittlung und Präsentationen in der freien Natur wesentlich effizienter und nachhaltiger durchführen, als unter traditionellen Bedingungen.

Voraussetzung ist hier, dass auf alle technisch-elektrischen Unterstützungen, wie Funkmikrofon, Notebook, Beamer und Overhead-Projektor verzichtet werden muss und eigentlich nur Sprache, Bewegung, Stift und FlipChart für den Dozenten /Präsentator zur Verfügung stehen.

Der Dozent sollte daher in der Lage sein, auch ohne Beamer und ohne Computer seine Inhalte zu vermitteln, denn mit Sprache, Bewegung und Visualisierungen über die Flip-Chart sind sehr wirkungsvolle und nachhaltige Präsentationen möglich!

Wissensvermittlung in Sachen **„betrieblicher Gesundheits-vorsorge"** bietet sich ebenfalls an, mit Besichtigungen, Bewegungsanforderungen, Verkostungen und Picknicks verbunden zu werden.

11.4. Kennenlernen der Menschen im Unternehmen

Diese Variante betrifft Angestellte, abseits ihrer betrieblichen Funktionen als Mitarbeiter bzw. Geschäftsleitung.

Wenn:

- betriebliche Umstrukturierungen anstehen,
- personelle Veränderungen erforderlich sind,
- neue Gruppen oder Teams zusammengestellt werden müssen,
- neue Mitarbeiter auch aus anderen Kulturkreisen in bestehende Strukturen integriert werden sollen,

eignet sich die Integration von Picknick-Veranstaltungen sehr erfolgreich.

Erfolgreiche Veranstaltungen dieser Art bedürfen aber dezidierter und fein-stofflicher Planung von Fachexperten u.a. aus der Veranstaltungsplanung und aus dem sozial-psychologischen Bereich, oder mit sozio-kulturellen praktischen Erfahrungen. Auch hier sind wir von „Picknick-Bremen" gerne behilflich, Konzepte zu erarbeiten und adäquates Leitungspersonal zu Verfügung zu stellen.

Die Teilnehmer auf dem Weg zum OutDoor-Seminar

12.   Spezifika von „Picknick" - im Vergleich zu anderen Aktivitäten

Wo liegen die Unterschiede, zum Grillen oder zu Camping:

- eine völlig eigene Zeitplanung ist möglich,
- eine Planung der Destination, frei von Beobachtung oder Störungen anderer,
- man verfügt über ein eigenes Speise-Angebot,
- man verfügt über ein eigenes Equipment,
- koppelbar mit anderen Aktivitäten, wie Bootsfahrten, Angeln, Besichtigungen, etc.
- bei Picknick sind Lebensmittel und Getränke überwiegend kalt,
- das konkrete Essen ist nur nachrangiges Modul zu einem Gesamt-Erlebnis,
- Picknick kann man auf Bänken oder auf einer speziellen Decke auf Wiesen bzw. Stränden machen,
- Picknick ist ein Mix aus Bewegung, Kommunikation über die gesamte Dauer und alles ist frei gestaltbar und unkonventionell. Essen mit Besteck und mit den Fingern gleichzeitig ist erlaubt und möglich,
- Picknick überlässt nicht nur einem Gastgeber das Mitbringen und Vorbereiten von Lebensmitteln und Getränken, sondern erlaubt spontanes Mitbringen von Lebensmittel durch geladenen Gäste,
- Picknick lebt vom Teilen und Austauschen. Es gibt keine persönlichen Portionen!
- Picknick ist ein Austausch von Gedanken und konkretem Erlebem, ohne Hierarchie oder Barrieren.

Ein Familien-Picknick aus der Zeit des „wachsenden Wirtschaftswunders"

13.   Ganz spezielle Picknicks

13.1. Motto-Picknick-Parties und Open-Air Veranstaltungstehmen

Neben Picknicks für den privaten Einsatz oder Picknick-Veranstaltungen, die sich in den Unternehmensablauf integreren lassen, existieren noch einige Variationen, die zwar breiten Bevölkerungsgruppen (noch) unbekannt sind, die aber jeweils einen besonderen Reiz beinhalten. Weil diese Variationen kaum in der Literatur erwähnt werden, wollen wir sie hier beispielhaft beschreiben und auch mit „Picknick-Bremen" wieder aufleben lassen:

Im **Kapitel „2.2. Was für Picknick-Arten gibt es?"** hatte ich ja schon das „Motto-Picknick" beschrieben und auch ein Beispiel für „das antizyklische Picknick" gegeben.

Ein mit Geschirr voll ausgestatteter Picknickkorb, gefüllt mit leckeren Speisen und Getränken eignet sich oft für spontane Anlässe und Besuche. Alles, was zu einem Gruppengenuß notwendig notwendig ist, befindet sich ja im Picknickkorb! Wir nennen diesen Korb sogar „**Besuchskorb**"!

Und bei Länder- oder Motto-Picknicks ist der Phantasie keine Grenze gesetzt.

Wie wäre es denn mit einen **Bayrischen-Picknick**, das mit Brezeln, Käse, Weißwurst, süßem Weißwurstsenf und bayrischem Weizen-Bier zelebriert wird.
Wenn sich jetzt die Teilnehmer noch mit bayrischer Tracht, also Krachleder-Hosen und Dirndl schmücken, die Musik bayrisch klingt, usw. dann sind wir schon im Bereich einer größeren und umfassenden Veranstaltung. Z.B. für Teilnehmer, die sich irgendwann in Bayern beim Skilaufen kennengelernt haben, und sich jetzt zum ersten mal wieder treffen und die Erinnerungen mit einem zünftigen Picknick auffrischen wollen.

Diese Art eines Motto-Picknicks funktioniert auch als Länder-Picknick, mit den entsprechenden Speisen.

Wie wäre es z.B. mit einer Picknick-Feier des **irischen St. Patricks-Day**, am 16. März jeden Jahres, zelebriert mit einem Korb voller irischer Köstlichkeiten. Das ist Guinness-Beer, geräucherte Forelle, marinierter

Lachs, Cheddar-Käse, irische Hirsch-Salami, Kräuterbrot („Scones") und zum Nachtisch ein Müsli-Riegel aus Schafsmilch.

Hier sind noch einige Ideen und Vorschläge für Motto-Picknicks, geeignet für private Picknick-Veranstaltungen, die auch im Unternehmensbereich einsetzbar sind.

Victorianisches Picknick:	**Barbie+Ken-Picknick:**	**Wirtschafts-wunder-Picknick:**	**Länder-Picknicks:**	**Der Haustier-Hunde-Geburtstag:**	**Fidel-Castro-Picknick:**
In entsprechenden Kostümen und mit Speisen und Getränken aus dieser Zeit.	Die gesamte Ausstattung ist in rosé und blue, mit leckeren amerikanischen Speisen und Getränken.	Russische Eier, Toast Hawaii, Käse-Igel, „Fliegenpilze", Mai-Tai, „Kalter Hund" als Speisen, Kullerpfirsich als Getränk und natürlich Ahoi-Brause!	z.B. englisches Picknick., Balkan-P., China-P., Türkei-P., Italien-P., indisches-Picknick, irisches-Picknick, usw.	Rotwein und aromatische Käse-Sorten für den Menschen und leckere, biologische Hunde-kuchen, Wasser und Näpfe für das Tier und ein Hunde-Wurf-spielzeug.	kubanische Zigarren und weißer Rum (auch zum Eintauchen der Zigarre), scharfe Chilli-Soßen, Tapas, Original-Caribic-Beer, Reggae-Musik und karibisches Outfit.

13.3. „Antizyklisches Picknick

Picknick kann man nicht nur im Sommer und bei schönemWetter veranstalten. Wir zeichen hier ein paar Beispiele.

o   **Beispiel 1: Picknick zum Haus- oder Wohnungs-Umzug**
Das kennst du doch auch: du oder Freunde ziehen um und Bekannte helfen mit, also ein Umzug von A nach B. Und was passiert?

Umzug von A nach B

Ihr fahrt los, kommt am Zielort B an , aber:

- da gibt es noch keine Küche,
- da gibt es eine Küche, die aber noch nicht funktioniert,
- da gibt es eine Küche, die auch funktioniert, aber niemand hat eingekauft!!!

Am Ziel-Ort zusammen Essen gehen fällt auch aus, weil alle kaputt und verschwitzt sind. Man könnte jetzt ein paar Pizzen kommen lassen, aber wie gut sind die denn und die kennt man nicht und wie schmecken die überhaupt?

Die Lösung: nimm einen oder mehrere Picknick-Körbe samt Füllung mit, einfach mit in den Umzugswagen einpacken, gefüllt natürlich, dann habt ihr leckere Speisen und Getränke nach eigener Auswahl und das notwendige Geschirr – und das „Zusammen-Essen-Gehen" kann warten. Das wird man dann irgendwann einmal später nachholen und dann ausgeruht und völlig entspannt.

Dir werden bestimmt viele Ideen dazu einfallen, wenn du diese Zeilen gelesen hast – da bin ich mir sicher! Und wenn du nicht ganz sicher bist, dann melde dich sich bei uns, bei „Picknick-Bremen", denn wir sind Spezialisten für Genuss- und Erlebnis-Veranstaltungen und für „Picknicks bei Umzügen"!

- **Beispiel 2: Mix- und Schüttel-Picknick**
Wenn man ein bestimmtes Ziel vor Augen hat, dann kann man sich oft alle Speisen und Getränke für ein Picknick auch unterwegs auf der Tour besorgen.

Also einfach einen leeren Picknickkorb und einige Leergefäße (z.B. Marmeladengläser) mitnehmen und die Lebensmittel auf der Tour besorgen. Salate, Brot, Milch und Milchprodukte,

Ein MELKHUS-Häuschen

Cerealien, Obst, etc. und Getränke gibt es oft tagesfrisch in Hofläden von Bauernhöfen.

Milchprodukte (Milch, Joghurt, Käse) in einer breiten Palette gibt es in Norddeutschland auch z.b. bei „Melkhus" (nds. für „Milchhaus"), einer Kette mit kleinen offen stehende Häuschen (s. o.) mit entsprechenden Automaten zur Münz-Selbstbedienung rund um die Uhr.

Wo entsprechende Hofläden liegen und in welchem Orten „Melkus" präsent ist, erfährt man im Internet bei der Vorplanung des Picknicks, z.B.:

Melkhus-Höfe: https://milchwirtschaft.de/verbraucher/milchtouristik/
Bioland-Höfe: https://www.bioland.de/
Demeter-Höfe: https://www.demeter.de

Man muss also nur einen Korb, eine Kühltasche, Dosen und Behältnisse mitnehmen und besorgt sich die Leckereien unterwegs. Hier wird schon die Nahrungsbeschaffung zum lustigen Bestandteil der Gesamt-Veranstaltung.

Und so ganz nebenbei lohnt sich oft auch ein Hofbesuch und eine Führung-Es ist schon sehr interessant mal einen Bauernhof, also einen Bauern, einen Nahrungsmittel-Erzeuger kennen zu lernen. Auch für Kinder sind diese Hofführungen sehr interessant.

Und wenn man jetzt verschiedene Cerealien, Milch und verschiedene Joghurts besorgt hat, dann mixt, schüttelt und teilt man das zusammen innerhalb der Teilnehmerschaft.

o   **Beispiel 4: Picknick und Outdoor-Survival**
Ein längeres Picknick, vielleicht sogar über mehr als einen Tag, lässt sich sehr gut mit klassischen Outdoor-Survival-Komponenten verbinden. Dazu nimmt man natürlich einige weitere Utensilien mit, die direkt mit Picknick im engsten Sinne wenig zu tun haben. Für Spiele und Tätigkeiten in der freien Natur haben wir hier einige nützliche Dinge zusammengestellt, die man sowohl, im Wald, in den Bergen, am See, am Strand sehr gut gebrauchen kann, wie:

- eine wasserdichte Plane mit Ösen von ca. 3 x 3 m Fläche,
  die man als Regenschutz, auch als Hängematte, etc. einsetzen kann,
- ca. 15 m Nylon-Schnur auf einer Rolle oder Spule,
- ein gutes größeres Fahrtenmesser oder ein „Multi-Tool" (siehe unten),
- Kartenmaterial des Zielgebietes in guter (sprich großer) „Wander-Auflösung",
  spezielle Karten im Maßstab von 1:2000 sind sehr gut einzusetzen und einen
  Wander-Kompass,
- eine stärkere Taschenlampe mit voller Batterie oder Akku,
- einen kleinen Magnesium-Stab, um im Bedarfsfall auch mal Feuer machen zu
  können (gibt's im Outdoor-Laden), Funkenflug entsteht z.B. durch Anritzen mit
  einem Taschenmesser,
- ein kleines Transistor-Radio, vielleicht sogar ein Dynamo-Radio mit dem man
  selbst unabhängig von Batterien den Strom selbst per Kurbel herstellt,
- einen Solar-Power-Akku, um damit das Smartphone, die Taschenlampe und das
  Radio aufladen zu können, Solar-Akku, weil er sich bei Sonnenlicht auflädt,
- einen „faltbaren" Wassertank, der ist im leeren Zustand sehr platzsparend,
- 1 Paar Gummi-Stiefel,
- leeren Korb, zum Sammeln von Obst, Beeren, Pilze und Blumen, Nüsse, etc.
  … und alles zusammen passt in den Korb!!!!

Plane mit Ösen	Nylon Seil	Multi-Tool	Gutes Kartenmaterial
Marsch-Kompass	LED-Taschenlampe	Magnesium-Feuerstick	Dynamo-Radio
Solar-Power-Akku	Faltbarer Wassertank	Gummi-Stiefel	Sammel-Korb

14.   Was braucht man eigentlich an „Picknick-Ausstattung"

Wenn man nun noch keinen stylischen Picknickkorb mit Inhalt besitzt, findet man aber alles, was man braucht in jedem Haushalt!

14.1. Was kann man aus dem Haushalt benutzen / mitnehmen?

1. einen größeren Korb, oder eine Tasche, oder einen Koffer,
2. Geschirr (Frühstücksteller, kleine Schüsseln, je nach Anzahl der Teilnehmer),
3. Gläser oder/und Tassen,
4. Bestecke, Schneidebrett und ein grosses Brotmesser,
5. Schraubgläser oder Tupper-Schalen mit Deckeln zur Aufnahme der Speisen, mit flüssigkeitsdichten Deckeln oder Verschlüssen,
6. Thermoskanne für heißes Wasser, oder heiße oder besonders kalte Getränke,
7. Salz- und Pfefferstreuer und sonstige Gewürze in verschließbaren Behältnissen (!),
8. Kronkorken- und Weinflaschenöffner, vielleicht auch Flaschen-Verschlüsse,
9. ein gutes und scharfes Taschenmesser, vielleicht ein Fahrtenmesser,
10. Servietten, Erfrischungstücher, eine Haushaltspapier-Rolle,
11. 1 Rolle Toilettenpapier (!),
12. mindestens einen Müllsack, u.a. für das gebrauchte Geschirr,
13. und einen großen blauen Müllsack, um unter die Sitzdecke zu legen, damit Feuchtigkeit von unten abgeschottet wird, das ersetzt eine professionelle Picknick-Decke,
14. u.U. Medikamente mitnehmen, auch einen kleinen Verbandskasten,
15. eine Flasche Wasser, um sich mal die Hände Waschen zu können,
16. Kühltasche oder Kühlbox mit tief-gefrorenen Kühl-Akkus oder ein Styropor-Kasten mit Deckel und gefrorenen Kunststoff-Wasserflaschen (inkl. 2/3 Wasser),
17. ein paar kleinere Sitzkissen
18. eine Decke für den Bodenbereich, oder Stühle und Campingtisch,
19. vielleicht sogar eine Tischdecke/Wachstuchdecke, speziell, wenn am Zielort Bänke und Tische vorzufinden sind,
20. je nach Jahreszeit und Aufenthaltsort: Cremes für Sonnen- und Insektenschutz, Mützen, Hüte, Sonnenschirme,
21. Outdoor-Spiel, das Lieblingsbuch, Magazine, Zeitungen,
22. Taschenlampe oder windgeschütztes Kerzenlicht,

23.	Feuerzeug oder Streichhölzer,
24.	u.U. Regenzeug („Ostfriesen-Nerz" mit Kapuze),
25.	Gummi-Stiefel oder anderes festes Schuhwerk,
26.	insgesamt helle Kleidung, das hält stechende und beißende Insekten fern,
27.	eine Pinzette um Bienenstachel ziehen und wenn möglich eine Besteck zum Zecken entfernen, denn die kommen wirklich überall draußen auf Wiesen, Weiden und im Wald vor
28.	Wer allergisch gegen Insektenstiche ist, sollte „seine Gegenmittel" mitnehmen.

14.2. Anforderungen an: Geschirr, Besteck und Gläser

Die Accessoires fürs Picknick im Grünen müssen viele Anforderungen erfüllen:

- Sie sollen leicht sein, um das Ausflugsgepäck nicht unnötig schwer zu machen,

- sie müssen stabil, robust und transportfähig sein,

- sie sollten Spülmaschinen-fest sein,

- sie sollen am besten wiederverwendbar sein.

- Plastikbesteck und Pappteller erfüllen zwar die meisten Punkte, sind aber als Wegwerfartikel überhaupt nicht umweltfreundlich, weil sie später Müll erzeugen. Es gibt aber schon Bestecke aus PLA, einem „Kunststoff" aus Maismehl. Solche

Angekommen: Picknick am See

Bestecke lassen sich später kompostieren und werden somit wieder zu organischem Material!

Auch Schüssel und Schalen kann man inzwischen aus Palmblättern oder Bambus herstellen und die lassen sich genau so gut später kompostieren.

Schaut einfach mal im Internet nach „kompostierbares Geschirr" und ihr werdet verschiedene Anbieter und ein sehr engagiertes Handels-unternehmen in Bremen finden, samt einem Online-Shop.

- Teller, Tassen und Gläser gibt es aber auch aus robustem Kunststoff für den Mehrfachgebrauch, zum Beispiel aus Melamin. Das gibt es im Camping-Zubehör zu kaufen. Die federleichten, maschinen-spülbaren und widerstandsfähigen Utensilien gibt es in frischen Farben und Designs, mittlerweile gibt es auch glasähnliche Saft-, Wein- oder Sektgläser aus leichten, robusten Materialien, natürlich Mehrweg-fähig.

14.3. Anforderungen an: Behältnisse, Körbe, Taschen, Koffer

Auch Behältnisse sollten bestimmte Kriterien erfüllen, damit kein „Inferno" den Picknick-Spaß verdirbt, wie:

- Körbe, Taschen und Koffer sollten selbst leicht, aber auch stabil sein, denn es sind doch immer mehrere Kilogramm, die damit transportiert werden sollen, wie Geschirr, aber auch Speisen und u.U. auch Getränke,

- Behältnisse müssen auswaschbar sein, denn oft kippt mal etwas um und da müssen die Behältnisse im inneren auswischbar sein,

- überlegt Euch, wie ihr die Speisen auslaufsicher transportiert und Abfälle vollständig vermeidet. Wir benutzen dafür auswaschbare Glasbehälter mit Schraubverschluss in verschiedenen Größen, ähnlich den bekannten Marmeladen-Gläsern. Wenn man diese Gläser im Haushalt rechtzeitig sammelt, hat man einen guten Fundus, denn diese Gläser gibt es in den unterschiedlichsten Größen und sie sind auslaufsicher. Statt dessen

Picknick am Bootssteg

gehen auch Tupper-Plastikdosen mit gut verschließendem Deckel.

- Teller aus Porzellan sollten möglichst dünn und leicht sein. Diese stapelt ihr mit jeweils einer Serviette als Zwischenpolster und mit einem Gürtel kann man die Teller „zusammenbinden".

- Vermischt bitte Geschirr und Lebensmittel nicht in den Behältnissen. Nutzt je ein Behältnis, eine Tasche nur für Geschirr und eine andere nur für Lebensmittel. Ansonsten verbringt ihr später zu viel Zeit für Suchereien.

- Damit die Kühlboxen, professionelle Soft- oder Hardcover-Boxen oder improvisierte Klima-Boxen die Kälte möglichst lange halten, sollte man sie immer an den kühlsten Ort, also in den Schatten stellen und immer geschlossen halten und die Öffnungszeiten sehr kurz halten, damit die Kälte nicht entweicht.

Damit kann man u.U. die Kälte für ca. Stunden erhalten.

Boot mit Picknick-Korb

15.   Professionelle Ausrüstung kaufen oder nach Bedarf   mieten?

Macht man selten, also nur manchmal ein Picknick, dann kann man sich diverser Artikel aus dem Haushalt bedienen, um eine Ausrüstung zusammenzustellen.

Aber so richtig perfekt und stylisch ist das natürlich nicht. Diese Art der Improvisation entspricht der **französischen Art** mit „Picknick" umzugehen: wichtig ist denen ein „spontanes Picknick", ohne große Planungen.

Will man Picknicks öfter machen, kann es sich lohnen, eine komplette Ausstattung anzuschaffen, so wie es z.B. die **Engländer** machen. Da geht natürlich nicht irgendein Korb, als Behälter! Nein, da muss es natürlich ein stylischer Picknick-Weidenkorb sein, eine original britische Woll-Picknick-Decke, etc. und dann geht nichts spontan. Stil muss eben sein!

Das Szene-Magazin „**Cool Places – die Erlebnis-Suchmaschine**" hat einmal aufgelistet, was man für ein „romantisches Picknick" an Ausrüstung braucht und was das kosten kann, wenn man das in einem Preisvergleich in 3 Güteklassen auflistet.

Ich habe diese Liste überarbeitet und hier die aktuellen Preise herausgesucht (Stand August 2018):

Artikel	Budget	MiddleClass	FirstClass
Picknick-Korb	4 Pers:(35,00 €)	4 Personen (60,00 €)	4 Personen (350,00 €)
Picknick-Decke	130x150 cm (10,00 €)	175x150 cm (19,00 €)	145x183 cm (180,00 €)
Kühltasche	(im Korb enthalten)	24 Liter, passiv (20,00 €)	18 Liter Solarbetrieb (200,00 €)
Kühl-Akkus	5x220ml (7,50 €)	8x 220ml (12,00 €)	10x220ml (15,00 €)
Frischhalte-Boxen	6 teilig (10,50 €)	10 teilig (25,00 €)	10 teilig Metall (160,00 €)
Picknick-Rezepte	Mini-Kochbuch (3,50 €)	Picknick-Kochbuch (14,90 €)	Picknick-Kochbuch (34,90 €)
Outdoor-Spiel	1 Frisbee-Scheibe (5,00 €)	Boccia aus Metall (19,50 €)	Wikinger-Schach-Spiel (45,00 €)
Bluetooth-Musik-Speaker	TeraMini (6,00 €)	EasyAccMini (22,00 €)	Boose-BT-Soundlink (275,00 €)
Gesamt-Summen	**77,50 €**	**172,90 €**	**1.259,90 €**

Erwähnt werden muss hier natürlich folgendes:
- Diese Anschaffung muss nur 1 mal stattfinden. Die Ausrüstung hält sicherlich bei sorgfältigem Umgang für einen Zeitraum von bestimmt 10 Jahren.

- Bei den o.g. Picknick-Ausstattungen geht es lediglich nur um die Hardware. D.h. Speisen und Getränke sind (noch) nicht enthalten!!!

Die Preisspanne zwischen den 3 Qualitäten orientiert sich ausschließlich an realistischen und von mir ermittelten, aktuellen Beschaffungspreisen.

Die **Budget** Ausrüstung ist in einem Korb untergebracht, dessen scheinbares Weidengeflecht aus einem Imitat aus Kunststoff besteht. Das Geschirr besteht aus einem Billig-Kunststoff, wie auch die Gläser, die Bestecke aus billigem NIROSTA mit Kunststoff-Griffen.

Die **FirstClass-Ausrüstung** ist ausnahmslos aus qualitativ sehr hochwertigen Produkten zusammengestellt, wie das auf der folgenden Seite beschrieben wird. Dabei besteht die **FirstClass-Ausrüstung** aus einem original britischen handgefertigten **Premium-Oxford-Weidenkorb**, mit:

Der pure Luxus: der Oxford-Weidenkorb

- 4 edlen, dünnen und leichten Porzellan-Frühstückstellern

- 4 Porzellan-Bechern, beides aus „Fine-Bone-China-Porzellan",

- 4 Wasser-Gläsern aus Kristallglas in einem separaten Innenkorb,

- einer Isolierflasche 0,7 Liter aus gebürstetem Edelstahl,

- 4 Essbestecke 3-teilig aus poliertem Edelstahl,

- 1 Kellnermesser / Flaschenöffner aus gebürstetem Edelstahl,

- je 1 x Salz- und Pfeffermühle aus Acrylglas.

Der Klassiker unter den Decken

Als **Picknick-Decke** haben wir hier eine britische „Hunting McLeod" aus 100% Wolle mit wasserfester Rückseite und Trage-Set aus Echtleder ausgesucht, in den XXL-Maßen 145x183 cm, im klassischen Schootenmuster-Design.

Die 18 Liter **Kühlbox** ist aktiv und echt autark, d.h. die elektrischen Peltier-Kühl-Elemente werden über einen eigenen Sonnen-Kollektor elektrisch gespeist.

Das **Outdoospiel** ist ein Wikinger-Schach (auch Kubb genannt) aus edlen Harthölzern.

Die Solar-betriebene Kühlbox

Das Outdoor-Spiel Wikinger-Schach (Kubb) in der Edelholz-Ausführung

Das **Sound-System** kommt von Fa. Boose, ist akkubetrieben und bekommt seine Musik über Bluetooth direkt vom Smartphone oder vom Tablett mit einer Funkreichweite von ca. 10m in absoluter HIFi-Stereo-Qualität.

Ob jetzt in der preisgünstigen oder auch der luxuriösen Ausstattungsvariante, für ein einmaliges Picknick ist beides schon teuer und wenn dann noch die Speisen und Getränke dazu kommen, wir es noch teurer.

Das Akku+Bluetooth Soundsystem von BOOSE

Aber es gibt eine weitere Alternative!

Ein Einstieg in die Picknick-Welt ist wesentlich preisgünstiger, wenn man die **Picknick-Ausstattung mietet** und auch die Arbeit mit der Speisevorbereitung einspart und alles vom **Picknick-Korb-Vermieter** bestellt, also Hardware und Speisen und Getränke und Service!

Somit wird auch die Zeit für Vorbereitung der Speisen und die Anschaffungskosten für die Ausstattung gespart, bis hin zum Reinigen der Ausrüstung nach dem Picknick, denn das übernimmt natürlich auch der Vermieter!

Bei der Suche im Internet, z.B. in Google mit den Suchbegriffen „**Picknickkorb Vermietung**" oder „**Picknickkorb Verleih**" zeigt Treffer in nahezu allen Großstädten.

Das Spektrum recht hier von Fahrrad- und Rikscha-Vermietern, Imbissen und Restaurants, die quasi nebenbei Picknick-Körbe vermieten,. Das geht bis hin zu reinen Korb-Vermietern und Veranstalter von u.a. Motto-Picknicks, wie wir das mit Picknick-Bremen 2016 in der Hansestadt gegründet haben.

„Picnic-Berlin" auf dem Tempelhofer-Flugfeld
mit Lena Wenckebach und Gästen

Der erste und älteste professionelle Picknick-Korbverleih der Republik ist in Berlin!
Als der Flugbetrieb in Berlin-Tempelhof eingestellt wurde und das enorm große Flugfeld leer stand, frage der Berliner Bürgermeister seine Bürger, ob dort lieber Wohnungen gebaut werden sollten oder ob man dort erst einmal ein großes Freizeitgebiet eröffnen sollte. Die Abstimmung zugunsten des Freizeitparks war schnell vollbracht. Das ist übrigens der fünftgrößte Freizeitpark der Welt. Und hier hat Lena Wenkebach 2014 ihr Unternehmen www.picnic-berlin.com gegründet

16.   Was unternehme ich gegen „Picknick-Stör-Faktoren"

Festgestellt haben wir schon, dass man, um ein leckeres Picknick, mit netten Leuten, an einem hübschen Ort zu veranstalten, eigentlich keine großen und speziellen Vorbereitungen braucht. Auch eine Spezialausrüstung noch Spezialwissen ist notwendig - es geht eben auch ein und spontan!

Aber wir wollen hier ein paar Tipps geben, wie man eine solche Veranstaltung erlebnisreicher und Konflikt-ärmer gestalten kann.

16.1. Kartenmaterial für Ziel oder Route

Picknick hat oft auch mit einer Tour zu tun und vor einer Tour sollte man immer „das Ziel" definieren.

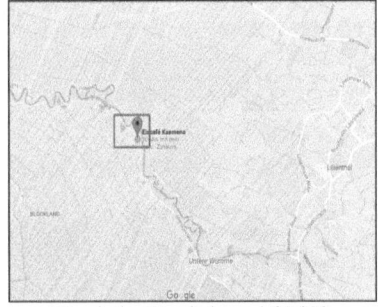

Klassische Wanderkarte 1:25.000

Schon zur Vorinformation bieten sich Landkarten an, klassische gedruckte Landkarten oder digitale Karten. Wenn man sich dann vom Zielgebiet noch zusätzlich eine sogenannte „**Wanderkarte**" besorgt, dann hat man einen Größen-Maßstab, der im besten Fall wirklich alle Feldwege, Äcker, Wälder, Bäche und Seen, etc. zeigt, wie z.B. auch bei einer sogenannten **Flurkarte**.

Solche „**Wanderkarten**" gibt es gedruckt, aber auch schon kostenlos oder für kleines Geld als APP für das Smartphone.

Was sagt uns der „Maßstab einer Karte"?

Die Flurkarte Maßstab 1:2000 das ist der gleiche Ausschnitt wie oben das rote Quadrat

Die Standard-ADAC-Auto-Straßenkarte hat einen Maßstab von 1:400.000, eine Wander-Karte hat einen Maßstab von 1:25.000 und eine Flurkarte 1:2.000.

Der **Maßstab** oder **Kartenmaßstab** ist das Verkleinerungsverhältnis von Karten, Plänen,. Er ist definiert als das „Verhältnis einer Länge auf der Karte (***Kartenstrecke***) zu ihrer Entsprechung in der Natur (***Naturstrecke***)."

Einfacher ausgedrückt heißt das:

Kartentyp	Maßstab	cm auf der Karte	entspricht in der Natur		das sind in anderen Worten
Autokarte	1:400.000	1 cm	400.000 cm		4000 m = 4km
Wanderkarte	1:20.000	1 cm	20.000 cm		200m = 0,2km
Flurkarte	1:2.000	1 cm	2000		20m = 0,02km

Je größer der Maßstab, wie z.B. bei Flurkarte, ist, desto mehr Details sind sichtbar und jetzt ist wohl klar, daß die Wanderkarte von der Flurkarte „geschlagen" wird. Die Flurkarte zeigt teilweise kleine Feldwege, Bäche, Büsche und Bäume und das ich natürlich für Wanderungen und Fahrradtouren der optimale Maßstab.

Besonders interessant ist es, wenn man dann die Strecke zum Ziel schon mit sicht- und erlebbaren Attraktionen ausstatten kann. Beim oben beschriebenen „Mix- und Schütttel-Picknick" wird die Route schon einmal bestimmt, durch eine Abfolge an Bauerhöfen im ländlichen Bereich, die man nutzt, um dort leckere Lebensmittel direkt vom Erzeuger zu kaufen. Selbst bei „Melkhus" werden im WEB schon solche Touren beschrieben und es lohnt sich, mal ins Internet zu schauen!

16.2. Gewicht und Volumen der Ausrüstungen

Man kann bei einer Wanderung, bei einer Rad- oder Motorradtour, aber auch bei einer Ausfahrt per PKW, Oldtimer, Boot oder Segelschiff ein Picknick veranstalten.

Jede Bewegungsart hat bestimmte Spezifika, die man schon im Vorfeld, d.h. in der Planung berücksichtigen sollte. Gerade bei einer Wanderung muss man speziell an das Gewicht denken, das eine Tasche oder ein Picknickkorb mit Geschirr, Behältnissen, Speisen und Getränken auf die Waage bringt.

Erfahrungsgemäß reicht ein Korb auch gar nicht aus, für alle Lebensmittel und Getränke. Allein schon aus Temperatur-Aspekten, sollte man den Korb noch um eine Kühltasche mit Kühl-Akkus ergänzen und eine Picknick-Decke und ein Outdoor-Spiel sollen ja auch noch mit.

Denkt einfach daran, bei Eurem Equipment auf das Gewicht zu achten und alles auf mehrere Behältnisse und auf mehrere Personen aufzuteilen! Statt stylischen Weiden-Picknick-Körben, sollte man bei Radtouren u.U.

Picknick-Rucksäcke einsetzen, die teilweise auch schon Kühltaschenbereiche beinhalten. Auf dem Rücken trägt es sich wirklich einfacher, als auf klapprigen Fahrrad-Gepäckträgern!

Es ist auch schon ein erheblicher Gewichtsunterschied, ob man Kunststoff-Geschirr und Kunststoffgläser mitnimmt, oder klassisches Haushaltsporzellan und Glas-Gläser. Es

Klassischer Weidenkorb

gibt aber inzwischen schon Kunststoffe, die sehr an Porzellan erinnern und stabil und leicht sind. Die sind dann aus „**Melamin**".

Wer Campingfreunde hat, der sollte bei denen mal nach Melamin-Tellern und -Schüsseln nachfragen und sich einen solch leichten Geschirrsatz ausleihen.

Picknick-Rucksack

Bei den Getränken schwören wir bei Kaffee-, Tee-und Kakaogetränken auf Aluminium-oder Nirosta-Tassen und bei allen anderen Getränken auf halbhohe Glas-Gläser (ähnlich den bekannten Glas-Senfgläsern), denn Getränke wie Saft, Bier, Wein oder Sekt schmecken einfach nicht so gut aus Plastikbechern.

Wer sich von Gewichtseinschränkungen beim Wandern befreien will, der nimmt einfach einen „**Bollerwagen**" mit und spart sich so auch das Tragen der gesamten Ausrüstung. Bei Radtouren, die man mit mehreren Leuten unternimmt, ist es ratsam, sich ein zusätzliches **Lasten-Fahrrad** zu leihen.

Bollerwagen

Für Tour-Teilnehmer, die nicht die Kondition für lange Fahrradstrecken haben, sollte man die Nutzung eines **Pedelecs**

Lasten-Fahrrad

einplanen, also ein Fahrrad mit Unterstützung durch einen Elektromotor.

Es versteht sich von selbst, dass sich für Motorrad-Picknicks ebenfalls Rucksäcke als Transportbehältnisse anbieten, es sei denn man verfügt über

einen „personen-freien Motorrad-Beiwagen"!

Standard PKWs bieten Kofferraum und Dachgepäckträger zum Verstauen der Ausrüstung. Oldtimer verfügen meistens über einen Gepäckträger auf der Heckhaube und darauf passt natürlich immer ein Weidenkorb oder ein Picknick-Koffer.

Oldtimer und Picknick-Korb

16.3. Das Wetter

Wir wollen picknicken – es wird doch wohl nicht regnen?
Eigentlich wird Picknick immer mit gutem Wetter und Wärme
zusammengebracht. Die Sonne muss nicht unbedingt scheinen, aber trocken
soll es bleiben! So ist jedenfalls die Meinung in Deutschland.

Wie kann man sich auf das Wetter vorbereiten?
Da gibt es mehrere Möglichkeiten:

- man kann auf die **Wettervorhersage** bauen,
- man kann für **alle Wetterlagen vorbereitet** sein
  (Kleidung, Regenschutz, Unterstand),
- man kann sich auch von einer **spontanen Entscheidung** leiten
  lassen!

In der Ausstellung „Picknick-Zeit" im Frankfurter Museum fanden natürlich
begleitend auch einige Outdoor-Picknicks statt.

**Eine Besucherin aus England bemerkte, als eine kleine Regenschauer
startete:**
*„Wir in England packen bei einer Regenschauer unsere Picknick-Sachen
zusammen und stellen sie irgendwo unter, wo es trocken ist oder decken
alles mit einer Folie ab. Und sobald der Regen aufhört machen wir
natürlich draußen mit dem Picknick weiter!"*

Verwunderlich? Vielleicht verfügen die Engländer als Picknick-Fanatiker
über ein „spezielles Picknick-Gen", auf das die oben genannte Einstellung
aufbaut?

Wir können aber heutzutage zumindest für 3 Tage relativ verlässliche Wetter-Vorhersagen für unser Zielgebiet herausfinden – die Frage ist nur immer, wie zuverlässig welcher „Wetterfrosch", sprich welche Meteorologe in die Zukunft schaut. Wir nutzen die **„Kachelmann-Vorhersagen"**, die überwiegend genauer sind, als die Vorhersagen des Deutschen Wetterdienstes. Das liegt bestimmt auch daran, dass Kachelmann mehrere tausend Mess-Stellen in Deutschland aufgestellt hat, die alle relevanten Wetterdaten sammeln und zum zentralen Großcomputer in die Schweiz schicken, der mit den Daten dann seine Vorhersagen berechnet. Kachelmanns Internetseite findet man im Internet unter „https://kachelmannwetter.com/de" . Über eine APP kommt man natürlich auch zu Kachelmanns Wetterservice, allerdings nur zu einem „Wetter- und Gewitter-Radar". Also zur umfassenden Information, sollte man seine Seite im Internet besuchen (link s.o.).

Natürlich gibt es auch viele, viele andere Wetter-Apps. Wir haben allerdings hier einige APPs als Tipp herausgesucht, weil sie nicht nur kostenlos zu laden sind, sondern weil sie sehr differenziert alle nur möglichen Wetter-Parameter für ihre Vorhersagen nutzen. Auch die Vorhersagen haben eine positive **Trefferquote von über 95%** und das für eine 3-Tage-Vorhersage. Vorhersagen über längere Zeiträume, als 3 Tage im voraus sind erfahrungsgemäß äußerst gewagt. Neben Kachelmanns APP können wir nur wenige andere APPs wirklich empfehlen.

Speziell die Landwirte sind auf „sichere Vorhersagen" angewiesen. Dementsprechend haben wir diejenigen APPs herausgesucht, die diese Zielgruppe gerne nutzt und in unsere Empfehlungen aufgenommen.

Wenn man im Smartphone die GPS-Ortung angeschaltet hat, kommt man bei allen hier beschriebenen APPs, direkt **Daten zum aktuellen Standort**. Bei einigen Programmen kann man zusätzlich noch andere und alternative Orte angeben, für die jeweils Wetterdaten und eine Vorhersage errechnet werden soll.

16.3.1. Kachelmann Radar & Blitz-APP

Wie der Name sagt, zeigt diese APP ein zuverlässiges
Regen-Radar, wie auch ein Gewitter-Radar.

Weitere Vorhersagen differenzierter Art sind NUR über
WEB-Zugriffe möglich. Also auf dem Smartphone über
den Browser eingeben:
https://kachelmannwetter.com/de

Kachelmann

Radar & Blitz HD

Wetter

Kachelmann beschreibt seine eigenen Internetseiten so:
„Vergessen Sie alle anderen Wetterradar-Apps! Kachelmannwetter bietet
eine 16- bis 64fach höhere Genauigkeit als alle anderen Regenradar-Apps
auf dem deutschen Markt mit einer Auflösung auf bis zu 250m! Ob Schnee,
Hagel, Regen, Gewitter oder Tornado-Warnung - mit dieser App sind Sie
immer in HD dabei und verpassen nichts mehr."

Wo genau hat der Blitz eingeschlagen? Zieht das Gewitter zu Ihnen?
Kommt der Hagel, müssen Sie das Auto in die Garage stellen? Mit der
Kachelmann Radar HD & Blitz App wissen Sie immer ein bisschen mehr.

16.3.2. Weather Channel-APP

Diese APP und die dahinter liegende Internetseite ist
von einem großen amerikanischen Wetterportal mit
wirklich zuverlässigen Prognosen, auch für Europa, mit
vielen Daten, u.a. UV-Index und für die nächsten 48
Stunden eine im Stundenraster aufgegliederte
Vorhersage.

Wetter: The
Weather Channel

Wetter

Die Vorhersage nach Tagen reicht 15 Tage voraus. Die App zeigt viele
Karten und Darstellung des aktuellen Straßenzustandes für den
ausgewählten Erfassungsraum, aber auch für überregionale Bereiche.

16.3.3. Agrar-Wetter-APP

Diese APP von Fa. Bayer zeigt Wetterzustand, Temperatur-Prognose, Windrichtung, Windstärke, Niederschlagsrisiko, Niederschlagsmenge, relative Feuchte, Tau-Bildung, Verdunstung, Luftdruck, gefühlte Temperatur, Bodenfrost, Sonnen- und Mond-Auf und Abgang und Mondphase.

Agrar Wetter
Wetter

Und das alles im 3-Stunden-Raster und für 6 Tage im voraus und mit umfangreichem Kartenmaterial, speziellen Meldungen und Warnungen für die Landwirtschaft, sowie Werte der nächstgelegenen 2 Wetterstationen, ca. jeweils 50 km vom aktuellen Standort entfernt.

16.3.4. BayWa Agri-Check-APP

Die BayWa AG in München ist ein großer deutscher Mischkonzern mit Agrar- und Forst-Handelsprodukten, für Weinanbau, aber auch über Baumarktketten für die Handwerker und Bauwirtschaft.

BayWa Agri-
Check
Wetter

Die Wettervorhersage geht über 5 Tage und pro Tag im Vorhersage-Raster von 3 Stunden, Wetterzustand, Temperatur-Prognosen, Windrichtung und Windgeschwindigkeit, Niederschlagsmenge, Niederschlagsrisiko und relative Feuchte, Nullgrad-Grenze und Schneefallgrenze und maximale Schneemenge.

Im 3 Stundentakt Vorhersage-Raster, sowie Astrodaten, wie Sonnen- und Mond-Aus- und -Abgang, Dämmerungsphasen und Mondphase.

16.3.5. Raiffeisen24 – Die Agrar-APP

Die Raiffeisen-Genossenschaft ist die größte Plattform
für landwirtschaftsbezogene Güter.

Raiffeisen24 -
Ihre Agrar-App...
Produktivität

Dementsprechend werden hier nicht nur sehr
differenzierte Wetterdaten für den selektierten
Erfassungsraum gesammelt, sondern hier werden viele
Umfeld-informationen dargestellt, die für Landwerte
spezielle Relevanz darstellen. So z.B. aktuelle Preise
und Tendenz-Entwicklungen für Weizen, Mais, Raps, Kartoffeln, Soja und
Schweine und aktuelle Preise für andere Tiere, wie Ferkel, Bullen und
Kühe. Interessant sind die Wetterdaten, die natürlich eine Vorhersage
bringen, aber auch eine Rückschau und natürlich eine Jahresübersicht
zeigen.

**Ansonsten sei doch einfach mal spontan und lass dich von ein paar
Regentropfen nicht erschrecken!**

Wenn du dein Picknick wirklich langfristig planen möchtest, kannst du
nicht mit durchgehend gutem Wetter rechnen. Dann solltest du eine
Location aussuchen, in deren Nähe ein Unterstand für Kurzregen nutzbar ist
oder überdachte Picknick-Tische stehen, wie es in vielen Wäldern und
beliebten Ausflugszielen der Fall ist.

Unsere Picknick-Führer-APP, „PiLot – der Picknickplatzlotse", an dem wir
gerade arbeiten, wird nette Plätze auflisten, in deren Nähe vielleicht sogar
eine kleine Hütte steht.

16.4. Was kann ich gegen Tiere tun

„Aligator stört Picknick" -
Wenn man in Florida ein
Picknick machen möchte, sollte
man bei einem solchen „Gast"
schleunigst das Picknick
beenden! Solch einen
ungebetenes Tier, das ein
romantisches Picknick ruiniert

… das kann nur in Florida passieren!

kann, wird uns in Europa kaum begegnen – zum Glück! Aber wir haben
ganz andere „Störenfriede!"

16.4.1. Hunde, Schafe ,Kühe

Wir kennen aber auch Tiere, die uns den Spaß am Picknicken so richtig nehmen können.

Große Tiere, wie z.B. Kühe und Schafe, deren Neugier wesentlich größer ist, als wir Städter uns das vorstellen können, kommen schon mal „etwas näher". Speziell dann wenn wir uns tatsächlich auf „ihrer Weide" oder in ihrem Territorium vergnügen. Dann scheint ihre Näherung eigentlich schon ganz verständlich.

Wie wollen aber jetzt vielleicht gar nicht herausbekommen, ob diese Tiere in friedlicher Absicht aufgetaucht sind, oder ihren Platz vielleicht sogar mit Gewalt zurückerobern wollen!

Ob der wirklich zuschnappen will?

Abhilfe oder Klärung schafft oft schon ein lautes Rufen oder Schreien. Meist löst sogar ein Wechsel auf andere Wiesen und Weiden die Störung durch die Tiere relativ schnell.

Selbst ein größerer, fremder und freilaufender Hund, der sich neugierig oder sogar aggressiv mit Knurren und Bellen nähert, kann sehr störend sein.

Vorsicht: Schafböcke „schubsen" gerne und kraftvoll!

Wenn es irgendwie geht, sollte man das fremde Tier ignorieren und nicht direkt anschauen (sprich keinen Blickkontakt aufnehmen).

Wenn es ein gesundes, also kein tollwütiges und krankes Tier ist, wird es sich (hoffentlich) ohne große Mühe entfernen.

Bei offensichtlich kranken Tieren, die u.U. durch Tollwut infiziert sind, muss man äußerst vorsichtig sein und muss schlimmstenfalls per Telefon die bekannten Not-Nummern anrufen.

Ob Kuh oder Bulle - beide haben Hörner!

Ob nun Feuerwehr oder Polizei angerufen wird, so

kann man doch sicher gehen, dass von dieser Seite aus Hilfe kommen kann, egal wo man sich nun gerade aufhält. Und ein mobiles Telefon haben wir doch heute alle dabei!

Völlig anders ist es aber bei den kleinen Plage-Geistern, wie Bienen, Wespen, Hornissen, Hummeln, Bremsen, Stechmücken, Black-Flies (Kriebelmücken), Zecken und Ameisen.

16.4.2. Wespen und Bienen

Ob beim Grillen im Garten, beim Eis-Essen oder beim Picknicken: wer im Spätsommer draußen etwas isst, bekommt meist ungebetene ‚kleine aber nervige Gäste. Schwarz-gelbe **Wespen** und **Bienen** umschwirren dann Teller und Gläser. Doch das ist kein Grund zur Panik. Denn nur bei falschem Verhalten stechen Wespen; Bienen dagegen sind meistens nicht so aggressiv.

Wespe

Um möglichst keine Wespen anzulocken, sollte man Fleisch und Süßes gut abdecken. Süße Getränke sollten möglichst verschlossen werden.

Mehr Ruhe beim Essen hast Du außerdem, wenn Du auf knallbunte Kleidung verzichtest. Auch manche Parfums können Wespen anlocken.

Sind die Insekten einmal da, heißt es, Ruhe zu bewahren. Denn normalerweise sind Wespen ruhige Tiere. Sie stechen nur zu ihrer Verteidigung. Daher solltest Du hektische Bewegungen vermeiden. Hektische Bewegungen sehen Wespen als gefährliche Situation. Auch weg-pusten solltest Du sie nicht! Denn in der Atemluft ist Kohlendioxid enthalten. Dieses Gas macht die Tiere aggressiv. Außerdem können sie den Angstschweiß von Menschen wahrnehmen. Auch das ist für sie ein Zeichen für Gefahr!

Honig-Biene

Solltest Du trotzdem einmal gestochen werden, kann das zwar schmerzhaft sein, eine Gefahr ist es aber in der Regel nicht. Nicht einmal das Gift eines ganzen Wespenvolkes würde ausreichen, um einen gesunden Menschen in Lebensgefahr zu bringen.

Wespen können mehrfach mit ihrem Stachel stechen, während Bienen einen Stachel mit Widerhaken haben. Der reißt nach einem Stich und bei den anschließenden Fluchtversuchen heraus und dann sterben die Bienen. Allerdings reißt auch die Giftdrüse mit heraus, die weiterhin Gift in die Wunde pumpt. Wer also den herausgerissenen Bienenstachel entdeckt, sollte schnell den Stachel per Hand herausziehen.

Eine große **Ausnahme** bei Stichen gibt es aber, denn wenn, man **hyper-allergisch gegen Wespengift** oder **Bienengift** ist, kann es zu einer Überreaktion des Immunsystems kommen und das kann recht schnell zum Tod der gestochenen Person führen!

Wenn also ein Picknick-Teilnehmer nach einem Wespen- oder Bienenstich (wohin auch immer) schwere Atemprobleme bekommt, mit hochrotem Kopf nach Luft schnappt, dann ist schnellste Hilfe durch einen Arzt angesagt. Oft klagen sie über Übelkeit und Hautausschläge am ganzen Körper.

Eine Biene sticht gerade

Wie schon gesagt; diese Hyper-Reaktionen erscheinen oft schon innerhalb von wenigen Minuten nach einem erfolgten Stich!

Oft haben aber Personen, die wissen, dass sie höchst allergisch sind, als Hilfe ein eigenes kleines „Not-Set" zur Eigenbehandlung mit dabei, wenn sie sich im Außenbereich aufhalten.
Wer eine solche Allergie hat, sollte also unbedingt einen Ausweis und seine speziellen Notfallmedikamente immer mit dabei haben.

Auch bei einem Stich im Mund droht Gefahr!
Über einen Stich im Mund oder im Hals könnten die Atemwege zuschwellen. Daher sollte man in diesem Fall auch sofort den Notarzt rufen. Bis zu seinem Eintreffen können Betroffene Eis lutschen, damit die Schwellung nicht zu groß wird.

Es gibt aber wirksame Abhilfen gegen stechende Insekten!
Beim Picknick oder Kuchenessen im Garten kannst Du die **Wespen** und **Bienen auch ablenken:** stell einen Teller mit sehr reifem Obst 10-15 Meter entfernt auf. Besonders gut funktioniert das auch mit Weintrauben. Die Wespen und vielleicht auch die Bienen, stürzen sich dann auf den „Ablenkungsteller" und nicht auf deinen Picknick-Platz!

Der Frieden mit den Insekten lohnt sich. Denn ,wie alle Tier- und Pflanzenarten, sind Wespen einfach ein unverzichtbarer Teil der Natur. Sie fressen unter anderem Blattläuse, Stechmücken, Raupen und Motten.

Bis zu 3.000 kleine Insekten und andere Tiere vertilgt ein kleines Wespenvolk pro Tag. Außerdem bestäuben auch Wespen Pflanzenblüten und beseitigen die Reste toter Tiere. Aus Sicht der Menschen könnte man sagen: Sie machen sich im Garten nützlich. Auch für andere Tierarten sind Wespen wichtig, denn sie stehen auch auf dem Speiseplan einiger Vögel.

Einige Naturschützer legen sogar spezielle Nistkästen für Wildbienen, Wespen und Hornissen an.

Bienen , Wespen und Hummeln sind für die Bestäubung von 90% aller Blütenpflanzen zuständig. Das betrifft fast alle Obst- und Gemüsesorten. Pflanzengifte töten die Insekten und wenn weniger oder keine Bestäubung stattfindet, erwarten uns größte Ernteeinbußen!

Selbst **Albert Einstein** postulierte anscheinend schon in den 20ziger Jahren des letzten Jahrhunderts:

„Wenn die Biene einmal von der Erde verschwindet, hat der Mensch nur noch vier Jahre zu leben. Keine Bienen mehr, keine Bestäubung mehr, keine Pflanzen mehr, keine Tiere mehr, kein Mensch mehr."

Bestäubung der Blüten per Hand in Japan

Auf Japans großen Kirsch-Plantagen werden inzwischen schon die Blüten teilweise schon mit kleinen Pinseln von Menschenhand bestäubt, weil zu wenig Insekten diese Arbeit übernehmen.

Das kann keine Lösung auf Dauer darstellen!

Übrigens: Informationen zur Mörder-Biene

Mit der Absicht, die einheimischen brasilianischen Bienen durch Kreuzungen zu verbessern, importierte 1956 die brasilianische Bienenzüchter-Schule 170 afrikanische Bienenköniginnen.. Man wollte per Kreuzung aus der stechlustigen afrikanische Honigbiene mit der südamerikanischen fleißigen und kräftigen Wildbiene einen neuen Stamm von krankheits-unanfälligeren und ertragreicheren Insekten herstellen. Herausgekommen ist eine sehr aktive Honigsammlerin, die aber extrem aggressiv ist und gerne alles, was sich bewegt, sticht.

Ein Stamm dieser Bienen ist ca. 35 Jahr nach dem Kreuzungsversuch aus dem brasilianischen Zuchtlabor ausgebrochen, lebt inzwischen verwildert und verbreitet sich gerade im gesamten nordamerikanischen Raum der USA – genannt „die Mörder-Biene"!

So häufen sich inzwischen Todesfälle durch massive Bienenangriffe und sowohl Menschen als auch Tiere zählen zu den Opfern.

Hummel

16.4.3. Hummeln

Die **Hummeln** sind eine zu den „Echten Bienen" gehörende Gattung staaten-bildender Insekten. Sie kommen überwiegend in den gemäßigteren und kühleren Regionen der Nordhalbkugel vor.

Ein Hummel-Volk besteht je nach Art aus etwa 50 bis 600 Tieren und einer Königin. Die Mehrzahl der Tiere sind Arbeiterinnen, daneben gehören zum Volk auch Männchen, die, wie auch bei den Honigbienen, Drohnen genannt werden, sowie Jungköniginnen.

Entgegen der langläufigen Meinung stechen bei **Hummeln, aber nur die weiblichen Tiere** und das sehr selten! Und männliche Hummeln haben gar keinen Stachel und alle Hummeln lassen sich genauso ablenken, wie oben beschrieben.

Während Honigbienen erst ab einer Außentemperatur von mindestens 10 °C ausfliegen, sind Hummelköniginnen im zeitigen Frühjahr bereits ab 2 °C und Hummelarbeiterinnen ab 6 °C beobachtbar, da sie die zum Fliegen notwendige Körpertemperatur durch Vibration der Brustmuskulatur erzeugen.

Seit dem Ende der 1980er Jahre werden Hummeln beim kommerziellen Anbau von Obst und Gemüse als Bestäuber-Insekten eingesetzt.
Von großer wirtschaftlicher Bedeutung ist ihre Verwendung beim **Treibhausanbau** von Tomaten. Weltweit werden jährlich Millionen von Hummel-Nestern künstlich aufgezogen und an Gemüsebauern versendet.
Die wichtigste Art bei der kommerziellen Zucht ist die „Dunkle Erdhummel."

Es gibt insgesamt etwa 250 Hummel-Arten. Allein in Europa gibt es etwa 70 Arten, davon kommen 36 in Deutschland vor. Auf der „Roten Liste" der in Deutschland bedrohten Arten stehen zurzeit 16 Hummel-Arten.

FAZIT: auch Hummeln sind sehr nützliche Insekten und stechen wirklich nur oder erst, wenn sie sich bedroht fühlen.

16.4.4. Hornissen

Größere Insekten, wie z.B. **Hornissen,** sind sehr selten anzutreffen und wenn man sich langsam bewegt und nicht nach ihnen schlägt, sind sie unerwartet „zahm" und stechen wirklich nur, wenn sie sich selbst in Lebens-gefahr glauben und sich selbst durch Stechereien retten wollen.

Zudem werden Hornissen nicht durch Süßigkeiten angelockt.
Sie suchen eher andere Insekten, wie Wespen oder andere Insekten.

Hornisse

16.4.5. Bremsen

Weil **Bremsen** (oder **Pferde-Bremsen**) sehr hartnäckig und zielorientiert beim Stechen vorgehen, lassen sich einzelne Bremsenstiche kaum

Pferde-Bremse

verhindern. Bremsen stechen, um Blut zu saugen und ernähren sich damit selbst und ihre Brut. Im Gegensatz zu Stechmücken lassen sich Bremsen leichter durch geruchsintensive Mittel vom Beißen abhalten.

Ein altes Hausmittel gegen Bremsen ist Tiroler Steinöl, das seit dem 14. Jahrhundert aus Ölschiefer gewonnen und heute noch als Schutz vor Bremsen und Stechinsekten in der Landwirtschaft verwendet wird.

Nur in der Apotheke erhältlich sind weitere Mittel gegen **Bremsen** und weitere stechende Insekten erhältlich, z.B. Mittel mit **Permethrin**.

Eine **Allergie gegen Bremsen** ist selten. Doch kann ihr Gift, das **Tabanin**, zu einem **allergischen Schock** führen. Haben Sie einen Verdacht auf eine lebensbedrohliche allergische Reaktion nach einem Bremsenstich, müssen Sie **umgehend den Notarzt** aufsuchen.

Die Symptome sind:

- **Erster Grad**
  Nesselfieber, Juckreiz, Unwohlsein und starkes Angstgefühl

- **Zweiter Grad**
  Übelkeit, Brechreiz oder Durchfall, Enge-Gefühl in der Brust

- **Dritter Grad**
  Schluckbeschwerden, leichte Schwellung der Zunge, Atemnot, Heiserkeit, Schwächegefühl, Benommenheit, Todesangst

- **Vierter Grad**
  Blutdruckabfall, Bewusstlosigkeit, Kollaps

16.4.6. Stechmücken

Weitere Plage-Geiser sind Stechmücken. Mücken liebe **Wärme, Feuchtigkeit** und **nackte Haut** intensiv **duftender Menschen.** Alles das bekommen sie im Sommer zur Genüge.

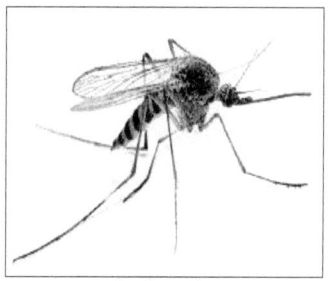

Stechmücke

Vor allem die Weibchen brauchen Blut-Mahlzeiten, um die Brut um Eier legen zu können.

Die Männchen stechen je nach Gattung seltener und begnügen sich vor allem aber mit Pflanzen-Nektar.

Stechmücken können relativ schlecht sehen, riechen dafür aber besonders gut und können stark nach Schweiß duftende Menschen über hunderte von Metern riechen.

Besonders gerne gestochen werden Personen mit „süßem Blut", also Blut mit hohem Zuckeranteil. Großen Appetit haben sie auch auf fettes und cholesterin-reiches Blut. Fett und Zucker sind sozusagen die **Kraftnahrung für die Stechmücken.**

Wie kann man sich nun schützen? Körper-Öle aus Zedernholz, Eukalyptus oder Zitrusfrüchten können durchaus vor Stichen schützen.

Zumindest sind diese Einreibe-Öle besser, als reine chemische Produkte, wie Pyrethrum aus Chrysanthemen und vor allem Diethyltoluamit (auch DEET genannt), die sich u.a. in Mitteln wie der Insektenschutz-Lotion „**Autan**" wiederfinden lassen!

Hier helfen auch Kerzen und Duftlampen mit speziellen Inhaltsstoffen, welche diese Insekten vertreiben. Manchmal hilft es auch Zitronen zu teilen und in das Fruchtfleisch einige Gewürznelken zu stecken.

Diese Ablenker legt man nah an den Picknick-Platz, denn damit vertreibt man diese Insekten relativ zuverlässig.

16.4.7. Kriebelmücken oder Black-Flys

Kriebelmücken oder Black-Flys sehen so ähnlich aus, wie normale, schwarze, aber kleine Stubenfliegen von ca. 5-8mm Größe! Nur der

Hinterlaib ist etwas dicker, als bei der Stubenfliege.

Vor den weltweit etwa 2000 Arten leben in Deutschland inzwischen ca. 50 Arten.

Sie sind obligatorische Blutsauger und sie können stechen. Meist hält man sie für harmlose Stubenfliegen, muss sich dann aber wundern, dass sie „beißen" und einen spürbaren Schmerz verursachen.

Black-Fly oder Kriebelmücke

Bisher kamen sie überwiegend in Südeuropa (Spanien, Italien, Griechenland und Türkei) vor. Aber aufgrund des Klima-Wandels fühlen sie sich auch in Deutschland sehr wohl und die Artenvielfalt wächst hier stetig! **Also nicht wundern „wenn Fliegen richtig schmerzhaft beißen**

Gegen sie helfen nur Duft- oder Körperöle, wie oben beschrieben.

16.4.8. Zecken

Zecken sind Parasiten die gerne im Unterholz eines Waldes oder auf einer Wiese auf Menschen (und auch Hunde und Katzen) lauern, um zu stechen und Blut zu saugen.

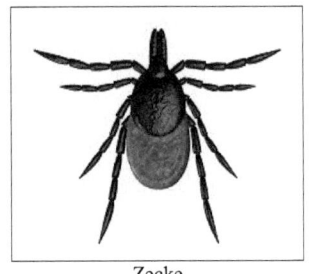

Sie ernähren sich von „Fremdblut" und in ihrem Magen und dem Speichel ihrer „Rüssel-Lanze" befindet sich ein Gift, das beim Blutsaugen die Blut-Gerinnung herabsetzt.

Zecke

Viele Zeckenarten sind als „Wirte" bedeutende Krankheitsüberträger, wie für *Borreliose* und *FSME* **(Frühsommer-Meningo-Enzephalitis)** verantwortlich.

Beides sind schwere Krankheiten, schwer zu diagnostizieren und oft auch kaum zu behandeln. Diese Viren und Erreger befinden sich im Magen und im Speichel der Zecken und gelangen durch den Zeckenbiss in unsere Blutbahn. Beide **Krankheiten „schlummern gerne"**, d.h. nach einer etwaigen Infektion, können sie u.U. erst nach 10 Jahren ausbrechen und sind dann später schwer heilbar.

Zeckenarten, die als Wirte der Erreger fungieren verbreiten sich in Europa immer mehr vom Süden in den Norden und somit ist Norddeutschland schon erreicht!
Entdeckt man eine Zecke, besser eine beissende und blutsaugende Zecke, sollte man sie quasi aus der Biß-Region vorsichtig „herausdrehen" und darauf achten, dass man das gesamte Tier, also inklusive Kopf und Saug-

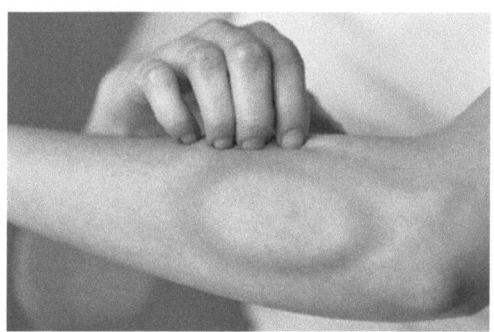

Wanderröte oder Erythema migrans

Rüssel entfernt hat.
Haben es die Borreliose-Erreger doch per Zeckenbiß in den menschlichen Körper geschafft, rötet sich meist die Haut an der Einstichstelle.

Dann sollte man unbedingt einen Arzt aufsuchen. Häufig tritt die Rötung erst ein paar Tage nach dem Stichzeitpunkt auf.

Die Rötung muss allerdings nicht direkt an der Einstichstelle sein und kann irgendwo am Körper auftreten. Typisch für diese „Wanderröte" (Erythema migrans) ist die zentrale Ab-Blassung. Auch bei grippeähnlichen Symptomen wie Fieber, Muskel- und Gelenkschmerzen oder geschwollenen Lymphknoten sollte man möglichst schnell einen Arzt konsultieren.

Wenn man rechtzeitig Medikamente dagegen einnimmt, kann man beide Krankheiten oft erfolgreich bekämpfen.Doch Vorsicht: Das zügige Entfernen der Zecke schützt leider nicht vor den Erregern für FSME. Diese tragen Zecken in einigen Regionen Deutschlands in den Speicheldrüsen. Daher werden die Viren bei einem Stich sofort übertragen.

Picknick mit Bully am Strand

16.4.9. Ameisen

Mit Ameisen hat man es speziell zu tun, wenn man sich aus Versehen auf eine „Ameisen-Straße" legt oder sogar aus Versehen auf einen ebenerdigen Ameisenstock legt.

Die rote Wald-Ameise

Die Lösung ist ganz einfach: man wechselt den Standort und wenn man dann noch, wie oben beschrieben, die Lebensmittel unter Verschluss hält, ist das Problem gelöst.

Ansonsten können die bis zu 3cm großen roten Waldameisen sehr empfindlich „beißen" und ihre Ameisen-Säure verspritzen und das brennt auf der Haus ganz erheblich!

Die „Soldaten", die den Ameisen-Staat beschützen sollen, reagieren sehr empfindlich auf jedwede Störung und kommen nach kurzer Abstimmung immer gleich in „Garnison-Stärke", um die Störung abzuwehren!

Solche blühenden „Insekten-Wiesen" sollte man nicht für Picknicks nutzen!

17.   Picknick in Zusammenhang mit anderen Themengebieten

17.1. Picknick in der bildenden Kunst

Viele Maler haben sich mit Picknick beschäftigt und einige von diesen Bildern sind sehr berühmt geworden. Hier sollen nur die wirklich herausragenden Kunstwerke dargestellt werden.

Die berühmteste Darstellung eines Picknicks in der bildenden Kunst ist *Le déjeuner sur l'herbe* (das Frühstück im Grünen) von **Édouard Manet**. Die nackte Frau (neben den angezogenen Männern) nimmt die Nackt-Picknicks der Freikörperkultur vorweg. Dieses Gemälde bot Manet

Édouard Manet:
Das Frühstück im Grünen, 1863

1863 dem Pariser Salon zur Ausstellung an. Es wurde von den 40 Juroren prompt abgelehnt. Der Grund: eine nackte Frau bei zwei bekleideten Männern sitzend war ein gewagtes, ein geradezu unverschämtes Motiv. Im Salon hingen daher nur „anständige" Bilder.
Manet war aber nicht der einzige Maler, dem eine Absage wegen eines Bildinhalts erteilt worden war. Wie jedes Jahr protestierten die Abgewiesenen öffentlichkeitswirksam und da geschah etwas Unerwartetes: Kaiser Napoléon III. wies persönlich an, die vom Pariser Salon abgelehnten Bilder und Skulpturen in einem separaten Teil der Ausstellung zu zeigen. So gelangte *Das Frühstück im Grünen* in den „Salon des Refusés" und somit schließlich an die Öffentlichkeit.

Ein weiteres berühmtes Gemälde ist „*Picknick*" von **Ernst Oppler**. Es entstand um die Jahrhundertwende (ca. 1905) und zeigt skizzenhaft eine Szene des großbürgerlichen Lebens. Offensichtlich sitzt eine Familie zusammen und verspeist Mitgebrachtes.

Ernst Oppler: Picknick, 1905

Gemälde „The Picnic" von
James Tissot, 1876

Dieses Bild von **James Tissot** entstand ca. 1876 und hieß zuerst *„Holyday"*, bis der Meister es höchstpersönlich zu **„The Picnic"** umtaufte!

Warum?

Das war in der Literatur leider nicht mehr herauszufinden!

17.2. Picknick im Kino-Film

Jeder, der den Begriff „Picknick" hört, verbindet damit sofort „eine positive Erinnerungen an früher erlebte Situationen", in denen nette, behagliche und kommunikative Erlebnisse stattgefunden haben und zeigt das dann auch ausnahmslos durch einen „lächelnden und entspannten Gesichtsausdruck."

Viele Drehbuchautoren und Regisseure nutzen diese positiven Assoziationen, in denen ein „nettes Picknick" stattfindet, um das Stimmungsbild bei den Zuschauern positiv zu beeinflussen.

Wer jetzt in die jeweilig nette und schöne Picknick-Story, also in die Filmgeschichte einsteigt, wird aber nach kurzer Zeit sehr abrupt mit genaue gegenteiligen Gefühlsauslösern konfrontiert, mit Angst, Schrecken, Lebensgefahr, Zwietracht und Unruhe, vor dem, was sich da ankündigt und auch kommen mag, an inhaltlicher totaler Wende. In fast allen Kinofilmen, angefangen bei den 20ziger Jahren des letzten Jahrhunderts bis heute, wird die Darstellung von Picknick also meist als „Stimmungswerkzeug" eingesetzt, wie in den folgenden Kurzbeschreibungen und der Auflistung von Filmtiteln und Regisseuren dargelegt wird. Alle Recherchen hier stammen aus Filmdatenbanken und Archiven und somit sind durchgehend „positive Geschichten" zu Picknick im engeren Sinne kaum zu finden.

Picknick (1955) (Originaltitel:
Picnic) ist ein US-amerikanisches
Film-Melodram mit William
Holden und Kim Novak aus dem
Jahr 1955. Als literarische
Vorlage diente das gleichnamige
Bühnenstück von William Inge,
das 1953 mit dem Pulitzer-Preis
ausgezeichnet worden war.
Die Dreharbeiten erfolgten von
Mai bis Juli 1955 an
Originalschau-plätzen in Kansas,
unter anderem in den Städten

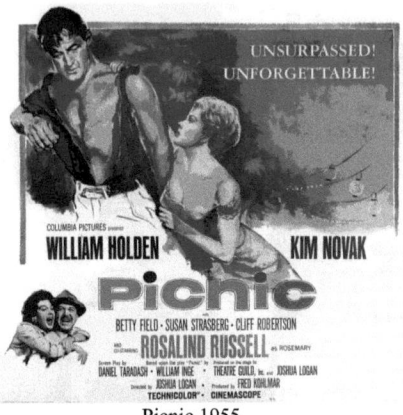

Picnic 1955

Halstead, Hutchinson, Nickerson, Salina und Sterling. Die Handlung ist eine
Liebesgeschichte des ehemaligen Fußballstars Hal Carter, in einer
Kleinstadt in Kansas. Bei der Vorbereitung für ein jährlich stattfindendes
Picknick durch die Bewohner, verlieben sich einige Frauen in Hal Carter
und daraus entstehen diverse Schwierigkeiten, die in einer
Auseinandersetzung enden und Hal die Stadt wieder verlässt. Der Film
Picknick gewann 1955 zwei Oscars (bester Schnitt, bestes Filmset-Design).

Landpartie 1936

**Partie de Campagne
– Eine Landpartie,
Frankreich 1936.**
R: Jean Renoir, Als Vorlage
diente eine Novelle von Guy
de Maupassant.

Die Handlung: Anfang der
1880er Jahre unternimmt eine
Familie an einem Sommertag
einen Ausflug aufs Land. Mit von der sonntäglichen Partie sind Madame
und Monsieur Dufour, ihre Tochter Henriette und ihr Verlobter Anatole.
Während sich die Männer dem Angeln widmen oder schlafen, lernen die
beiden Frauen die beiden jungen Männer Henri und Rodolphe kennen.
Diese laden Mutter und Tochter zu einem Bootsausflug ein. Auf einer
einsamen Flussinsel kommt es zwischen den jungen Männern und den
Damen der Familie zu einem Flirt.

Le Déjeuner sur l'herbe – Das Frühstück im Grünen, Frankreich 1959.

von R: Jean Renoir, „Das Frühstück im Grünen"ist ein französischer Spielfilm und ist benannt nach dem gleichnamigen Gemälde von Édouard Manet (s.o.) (frz. Le Déjeuner sur l'herbe). Die

Frühstück im Grünen 1959

Handlung: Etienne, dargestellt von Paul_Meurisse, ist ein Wissenschaftler, der die Idee der Veredelung der Menschen durch künstliche Befruchtung vorantreiben will. Zusammen mit seiner nervigen Entourage veranstaltet er ein Picknick im Grünen. Er trifft dort das Mädchen vom Lande Nenette, dargestellt von Catherine Rouvel, die zunächst als Probandin zur Verfügung steht, weil sie es gerade mit den Männern nicht so hat. Der Reiz der Landschaft und der natürliche Charme des Bauernmädchens lassen Etienne sein Vorhaben vergessen und zur natürlichen Methode zurückfinden.

Eine Komödie im Mai, 1990

Milou en mai – Eine Komödie im Mai (FR /IT 1990)

(Franz.:Milou en mai) ist ein Film von Louis Malle aus dem Jahr 1990, der in Château du Calaoue im Département Gers gedreht wurde. Die Handlung: Als die betagte Madame Vieuzac im Mai 1968 in der süd-französischen Provinz stirbt, reist ihre Familie zur Beerdigung an. Da infolge des Generalstreiks auch die Totengräber streiken, ist die Familie gezwungen, länger als geplant zu verweilen. Aufgewühlt durch spärliche Informationen aus dem Radio und einen später dazu-stoßenden Neffen, der von den Ereignissen in Paris berichtet, wähnt man sich in der Anarchie und überlegt, wie man unter diesen Rahmenbe-dingungen die Zukunft gestalten sollte. Durch eine Rede des franz. Präsidenten, De Gaulles, wird der Generalstreik beendet, die Totengräber erledigen ihre Arbeit und die Familienangehörigen reisen ab.

Emma - ist eine US-amerikanische Literatur-verfilmung aus dem Jahr 1996. Sie basiert auf dem gleichnamigen Roman von Jane Austen ("Sinn und Sinnlichkeit"). Die Handlung: Emma Woodhouse, Tochter aus gutem Haus, vertreibt sich ihre Freizeit damit, Bekannte und Freunde zu verkuppeln.

Emma, 1996

Als jüngstes Opfer hat sie sich die junge Harriet Smith, eine Frau ohne Stand und Bildung, ausgesucht. Der avisierte Ehemann ist der Vikar Mr. Elton. Dieser hat aber kein Interesse an Harriet – sein Herz schlägt vielmehr für Emma selbst. Miss Woodhouse ist darüber wie vom Donner gerührt und beschließt, fortan keine Ehen mehr anzubahnen. Da betritt ein gewisser Frank Churchill die Szene, ein kluger, hübscher und alleinstehender Mann… . Es handelt sich um eine klassische Liebesgeschichte mit Missverständnissen, Intrigen aber auch Versöhnungen u.a. bei einem großen Picknick und mit Gwyneth Paltrow Hauptrolle.

Picknick am Valentinstag (Originaltitel: *Picnic at Hanging Rock*) ist ein australischer Spielfilm von Peter Weir aus dem Jahre 1975. In Deutschland kam der Film am 24. Juli 1977 in die Kinos. Die Handlung: Bei einem Picknick am Valentinstag 1900 verschwinden auf mysteriöse Weise drei junge Mädchen und die Lehrerin Miss McCraw bei dem Ausflug eines Mädcheninternats zum Hanging-Rock, rund 70 km nördlich von

Picknick am Valentinstag, 1977

Melbourne. Mehrere Suchaktionen verlaufen ohne Ergebnis. Schließlich wird eines der drei Mädchen gefunden, kann sich aber an nichts erinnern, was ihr die anderen Schülerinnen aber nicht glauben. Sarah, die bei dem Ausflug nicht dabei sein durfte, hält Miranda, eines der verschwundenen Mädchen, für eine Prophetin. Sie glaubt an ein übernatürliches Verschwinden. Die Geschichte ist zwar frei erfunden, beschäftigt aber immernoch die „Spiritisten." unter der Leserschaft.

Picknick mit Bären (2015)
(Originaltitel: *A Walk in the Woods*) Bill
Bryson (Robert Redford), seines Zeichens
ein sehr erfolgreicher Schriftsteller von
Reiseberichten, juckt es wieder einmal in
den Füßen. Jahre ist es her, seit er sein
letztes Buch geschrieben hat, und auch
wenn er sich in seinem gemütlichen
Rentnerleben mit seiner Frau Cynthia
(Emma Thompson) grundsätzlich wohl
fühlt, will er sich noch einmal in ein
letztes großes Abenteuer stürzen und den
Appalachian-Trail, den längsten Fußweg
der Welt, bezwingen, der sich insgesamt
über 3500 Kilometer erstreckt. Auch die Bedenken seiner Frau und seiner
Kinder können ihn von seinem kühnen Vorhaben nicht abbringen. Lediglich
die Suche nach einem Begleiter gestaltet sich schwierig, doch wird Bill in
seinem alten Schulfreund Stephen Katz (Nick Nolte), zu dem er schon lange
keinen Kontakt mehr hatte, schließlich fündig. Als ehemaliger Alkoholiker
und mit einigen Kilos zu viel auf den Rippen war er dabei nicht gerade
Brysons erste Wahl. Aber die beiden Senioren raufen sich zusammen, um
gemeinsam in der rauen Wildnis zu bestehen.

Picknick mit Bären, 2015

Picnic (originale Schreibweise **PiCNiC**, teilweise auch als **Pikunikku**

gelistet) ist ein japanisches Jugendfilmdrama aus
dem Jahr 1996 von Regisseur Shunji Iwai. Er
handelt von drei älteren Jugendlichen aus einer
geschlossenen Psychiatrischen Klinik, die
Wanderungen außerhalb der Anstalt machen.
Kritiker schreiben: „Eine apokalyptische
Beschreibung des Lebens im modernen Japan, die
in manchmal allzu vordergründigen Bildern die
Situation einer entwurzelten Generation darstellt,
die sich nicht in die Welt ihrer Elterngeneration

Der japanische Film PICNIC   einordnen will, längst aber noch keine Alternativen
aus dem Jahre 1996   gefunden hat." U.a. finden sehr tiefschürfende
Gespräche bei einem Picknick statt.

Picknick im Herbstwald

In zwei Filmen, die in der australischen Wildnis spielen. **Walkabout** (1971) von Nicolas Roeg und **Picnic at Hanging Rock** (2017) von Peter Weir werden Picknicks zur absoluten Katastrophe und aus der Unschuld eines Familien- bzw. Internatsausflugs, wird ein erbarmungsloser Kampf gegen die Natur.

Der Gegensatz ist immens zwischen der „Unbefleckheit eines weißen Tuchs im nackten Gras und der brütenden Hitze, den Schlangen und mystischen Felsen des Outbacks."

Die Einstellung der Angst vor der Katastrophe ist dabei die Totale, die vor allem Weir immer wieder benutzt, um seine Figuren in der Natur verschwinden zu lassen.

Auch eine Reihe von anderen Filmen fokussiert eben auch nicht auf die „positiven Aspekte und die daraus entstehende Behaglichkeit beim Picknick." Statt dessen mutieren in den Geschichten jeweils „nette Picknicks" zu teils sehr schaurigen und ängstigenden Abläufen, wie auch in den folgenden aufgelisteten Filmen

- **Zodiac** (2007) von David Fincher
- **Partie de campagne** (1974) von Jean Renoir
- **Short Cuts** (1993) von Robert Altman
- **The American** (2010) von Anton Corbijn
- **L'Apollonide** (Souvenirs de la maison close) (2011) von Bertrand Bonellos
- **Help** (1965) von Richard Lester
- **Amarcord** (1973) von Federico Fellini
- **In another country** (2012) von Hong Sang-soo
- **Leviathan** (2014) von Andrey Zvyagintsev
- **Blissfully Yours** (2002) von Apichatpong Weerasethakul
- **Körkarlen** (1921) von Victor Sjöströms
- **Stalker** (1979) von Andrey Tarkowski

Die o.g. Liste ist nur ein "Ausriss aus der Filmgeschichte" und erhebt keinen Anspruch auf Vollständigkeit.

17.3. Picknick in der Literatur

Jeanne-Marie Darblay (Hrsg.): *Picknick - Vergnügen, Lust & Genuß.*
Müller Rüschlikon, Cham 1994,
ISBN 3-275-01092-1
Das Buch zeigt einen umfassenden
geschichtlichen Abriss zu Picknick: Der
Begriff „Picknick" tauchte zum erste Mal
1692 in Frankreich als „Pique-Nique „auf.

Damit bezeichnete man vergnügliche
„zwanglose" Gesellschaftsessen. Diese sollten
vor allem den Adeligen und ihren Gästen die
Langeweile vertreiben, wenn diese im Sommer
auf ihren Landschlössern weilten und so gar
nichts mit sich anzufangen wussten.
Das Buch ist großformatig, aus Hochglanz-Papier und zeigt in
wunderschönen Bildern die Entwicklung von Picknick über alle Kontinente
und Zeiten

Dieses Buch stellte bis vor kurzem das einzige Grundlagenwerk über die
Freizeit-Veranstaltung „Picknick" dar.

So sah PICNIC in den späten 50ziger Jahren in den USA aus

Charlotte Trümpler, Matthias Wagner
König, Walther K., 03.05.2017 - 384 Seiten
Verlag Walter König, Köln 2017, 384 Seiten, €
32.-, **ISBN-10:** 3960981066 , **ISBN-13:** 978-
3960981060 Größe 22,5 x 3,3 x 28,6 cm

Die Ausstellung „Picknick-Zeit" im „museum
angewandte kunst" in Frankfurt am Main war
von Mai bis zum 17. September 2017 zu sehen.

Ein vielfältiges Rahmenprogramm ergänzte die
Ausstellung und so fand am 1. August 2017
das Schweizer Picknick mit Raclette und
Alphorn-Klängen im Metzler-Park statt.

Auf über 1000 Quadratmetern Ausstellungsfläche erzählen Picknick-
Utensilien unterschiedlichster Form, Machart und Herkunft, zahlreiche
Objekte, Installationen, Fotografien (zum Beispiel diejenigen von Barbara
Klemm), Filme (unvergesslich das Picknick von Grace Kelly und Cary Grant im
Cabriolet hoch über den Dächern von Nizza) und Comics vom
Variantenreichtum einer beliebten Tätigkeit.

Das Buch ist quasi ein umfangreicher Katalog zur Ausstellung, zu den
Exponaten, zum Begleitprogramm (Filme mit Thema Picknick) und zu
wichtigen Umfeld-Informationen.

Eine der beiden Autoren, Dr. Charlotte Trümpler (eine klassischen
Archäologin), plante die Ausstellung und war während der Ausstellungszeit
die ansprechbare Fachexpertin für Besucher und Presse-Medien.

Sie beschreibt das Thema mit folgenden Worten:
„Der Drang des Menschen, im Freien zu speisen, hat etwas Unerklärliches an sich.
Steckt wohl in den Genen seit den Höhlenbewohnern, die lieber an der Sonne ihre
Hirschkeulen kauten als im feuchten Loch. Eine Ausstellung mit Buch schafft
gewiss Klarheit über dieses urmenschliche Verhalten. Auch wenn's in Frankfurt
eher Bockwürste gibt, statt Cervelat zum verkosten."

Andrej Kurkow: "Picknick auf dem Eis".
Aus dem Russischen von Christa Vogel.
Diogenes Verlag, Zürich; 288 Seiten; 34,90
Mark., 1999, ISBN 9783257232554
In seinem grotesken Roman „Picknick auf dem
Eis" nimmt der in der Ukraine lebende Russe
Andrej Kurkow die post-sowjetische Mafia-
Gesellschaft aufs Korn.

Viktor, der Hauptakteur, ein melancholischer
Ukrainer, hat es schwer im Kiew der
Neureichen und der Mafia: ohne Geld und
ohne Freundin lebt er mit dem Pinguin Mischa
und schreibt Romane für die Schublade.
Zum Überleben verfasst er für eine große Tageszeitung „Nachrufe und
Nekrologe über Berühmtheiten", die allerdings noch gar nicht gestorben
sind. Wie jeder Autor möchte Viktor seine Texte auch veröffentlicht sehen.
Ein Wunsch, der beängstigend schnell in Erfüllung geht.

Felicitas Hoppe: „Picknick der Friseure",
Geschichten, 96 Seiten, FISCHER
Taschenbuch, 1996, ISBN 978-3-596-17128-6
Eine Familie vermietet stundenweise einen
Balkon. Die frischluftnärrischen Mieter stürzen
aus ungeklärten Gründen stets in die Tiefe. Mit
den Schaulustigen macht die Familie durch den
Verkauf von Schnäpsen gute Geschäfte bis
eines Tages sich das Kind auf den
geheimnisvollen Balkon wagt.

„Picknick der Friseure" ist ein Buch mit
zwanzig grotesken und komischen
Geschichten, die in der gegenwärtigen
Literatur ihresgleichen suchen: manchmal
bitterböse, voll atemberaubender Phantasie.

Fahrradpicknick im Spätsommer

Arkadi und Boris Strugazki.: „Picknick am Wegesrand". Utopische Erzählung, übersetzt von Aljonna Möckel, Illustrationen von Günter Lück, Verlag Das Neue Berlin, Berlin 1975 (Taschenbuchausgabe in der Reihe SF Utopia 1983).Auf der Erde gibt es sogenannte „Zonen", gefüllt mit außerirdischer Technologie, die eine extraterrestrische Zivilisation nach einem „Besuch" der Erde dort zurückgelassen hat und die immer noch teilweise funktionsfähig ist. Diese Technologie bewirkt verschiedene und teils sehr gefährliche Effekte, die von den Menschen auch Jahre später immer noch nicht verstanden werden. Deshalb wurden die Gebiete abgesperrt. Die fremde Technologie scheint wie ein Picknick, bei dem die außerirdischen ihren Picknick-Müll haben

liegenlassen.Nach Motiven des Buches wurde 1979 von Andrei Tarkowski der sowjetische **Film Stalker** gedreht und mit dieser Story kam 2007 das **Computerspiel** „Stalker: Shadow of Chernobyl" heraus.

Ruhe, Entspannung, Entschleunigung - mit einem Picknick klappt das!

17.4. Picknick mit Theater und Musik (in Bremen)

Inzwischen finden in vielen Städten und Gemeinden Veranstaltungen zu Picknick oder mit Picknick statt. Die Palette ist sehr breit und die Publikumszustimmung und Mitmach-Bereitschaft ist inzwischen sehr hoch.

Beispielhaft sollen hier einige Veranstaltungen beschrieben werden, die z.B. in Bremen in regelmäßigen jährlichen Zyklen stattfinden und in denen Musik- und Theaterdarbietungen und Picknick verbunden werden.

17.4.1 „Sommer in Lesmona"

Die Kammerphilharmonie-Bremen veranstaltet in Koops-Park, in Bremen-Lesum, jeweils im August an 3 Tagen einige Klassik-Konzerte und die Zuschauer organisieren die gesamten Zuschauerfläche als „Picknick im englischen Stil" mit Speisen und Getränken, Tischen mit Decken und Kerzenständern und vielfach auch in Kostümen.

Inzwischen gehört die **Picknick-Atmosphäre** einfach dazu und wird von den Zuschauern gepflegt.

Klassikkonzert und Picknick beim „Sommer in Lesmona" im Bremer Knoops-Park

17.4.2. „Shakespeare im Park"

Die Bremer Shakespeare-Company veranstalten regelmäßig im August auf der Melchers-Wiese im Bremer Bürgerpark, Theaterdarstellungen mit Shakespeare-Stücken und einer der Tage ist als „Picknick-Tag" ausgewiesen. Die Zuschauer bringen zum Theaterstück ihre eigenen und gefüllten Picknick-Körbe mit und genießen, im Grünen sitzend, die Aufführungen.

Shakespeare und Picknick im Bremer Bürgerpark

17.4.3. „Musik und Licht am Holler-See"

Auf einer Bühne am Südufer des Holler-Sees im Bremer Bürgerpark spielt das Jugendsinfonieorchester Bremen-Mitte der Musikschule Bremen, während auf den Rasenflächen rund um den See regelmäßig mehr als 25.000 Zuschauer auf Decken oder mitgebrachten Klappstühlen sitzen und picknicken.

Die Atmosphäre erinnert sehr an die Londoner „Proms in the Park", speziell wenn die Besucher zu fortgeschrittener Stunde Fackeln entzünden und der Holler-See in ein weites Lichtermeer getaucht wird. Die Fackeln werden an den Zuwegen verkauft, wobei der Erlös zur Hälfte dem Orchester und zur anderen Hälfte den Spielplätzen im Bürgerpark zugutekommt. Als fester Programmpunkt wird auch zu einem prächtigen Höhenfeuerwerk die Musik von Georg Friedrich Händels „Feuerwerksmusik" gespielt.

Musik und Picknick am Holler-See im Bremer Bürgerpark

17.5. Picknick und Gesundheit

Schon im Vorwort dieses Buches hat unser Berater, der irische Kulturwissenschaftler Greg McKinsley, diejenigen Faktoren dargestellt, die Picknick als „gesunde Veranstaltung" charakterisieren. Weil man die positive Wirkung auf die Gesundheit nicht treffender beschreiben kann, soll hier einfach noch einmal die Wirkungsübersicht des „Picknick-Experten" wiederholt werden:

"Eine Picknick-Veranstaltung ist für Geist und Organismus der Teilnehmer jeden Alters höchst gesund und förderlich, weil:
- *es mit „Bewegung"zusammenhängt, meist ein Ausflug ist und allein schon der Standort-Wechsel sehr beruhigend wirkt,*
- *die Gesamt-Situation der „Ent-Schleunigung" in dieser hektischen Zeit dient,*
- *es meist im Grünen stattfindet, da ist allein schon die Umgebungsfarbe höchst beruhigend,*
- *es in einer höchst kommunikativen Zusammenkunft mit mehreren Personen stattfindet,*
- *es zusammen mit dem Genuss köstlicher Speisen, vielleicht auch gemeinsamer sportlicher Betätigung stattfindet. entsteht eine hohe und soziale Interdependenz!"*

Ein Standort-Wechsel, mit einem Picknick in Grünen, zusammen mit netten Leuten kommunizieren, zusammen spielen und sich bewegen und in kleinen Portionen vielfältige und leichte Speisen zu sich zu nehmen ist und bleibt also der hauptsächliche Gesundheitsaspekt.

Mehrere kleinere Portionen sorgen dafür, dass der Blutzuckerspiegel nicht absinkt und man fit bleibt.

Entschleunigtes Essen, die gute Luft in der freien Natur und interessante Kommunikation in netter Gesellschaft schafft ein Wohlfühl-Umfeld in guter Entspannung. Das haben heutzutage sogar schon die Krankenkassen erkannt, die Picknicks inzwischen als Stress-vorbeugende Maßnahme empfehlen.

Nicht nur bei den Krankenkassen, sondern auch in Unternehmen ist die Krankheit der Mitarbeiter zum spürbaren Kostenfaktor geworden und jegliche Maßnahmen der gesundheitlichen Vorsorgemaßnahmen ersparen nicht nur temporäre, sondern auch zukünftige Kosten. Gesucht und gebucht werden Präventionsmaßnahmen, bevor Krankheiten durch Stress, Überbelastung, Mangelbewegung und schlechte Ernährung zum chronischen Dauerläufer werden.

Ein Picknick, selbst im „laufenden Unternehmensalltag", kann da ein wirksames und zusätzliches Hilfsmittel zum Stressabbau sein. Ebenso gibt es gute Erfahrungen und Ergebnisse bei Team-Buildings, oder Mitarbeiter-Umstrukturierung, oder Integration von Mitarbeitern aus anderen Betrieben, Regionen und Ländern.

Picknick im Unternehmensbereich ist oben schon beschrieben, wie z.B. „Seminare im Grünen mit Picknick-Pausen" oder Betriebsausflüge gekoppelt mit Picknick-Veranstaltungen (siehe Kapitel 13 Spezielle Picknicks und Motto-Picknicks).

Aber auch die Integration von neuen Mitarbeitern, ob diese jetzt aus anderen Unternehmensbereichen kommen, oder von Fremdfirmen und dann einen neuen Arbeitsplatz einnehmen, oder aus andern Bundesländern oder aus anderen Nationen kommen.

Das gemeinsame Essen, die Kommunikation über die unterschiedlich mitgebrachten Speisen, der Tausch der Speisen, jeder probiert auch mal die bisher für ihn unbekannte Speisen ... das alles sind höchst psycho-soziale Prozesse, die sich hervorragend eignen, verschiedene Personen und Nationen zusammen zu bringen.

Innerhalb der „Motto-Picknicks" sind Länderpicknicks hervorragend dazu geeignet, ob das nun ein bayrisches Picknick mit „Brezn, Obazda un Radieserl " (Brezel und angemachter Camembert mit Paprika und Retich) ist oder ein afghanisches Picknick mit „Qabili Palaw oder Tahdig" (afghanisches National-Reisgericht oder Reis mit Reiskruste) ist.

Entschleunigung, maßgebliche Veränderungen im Lebensstil, Vermeidung von unnötigem Stress im privaten Bereich bringen nur positive Effekte für den Einzelnen, wenn eben auch am Arbeitsplatz entscheidende Änderungen stattfinden, die Wohlbefinden und Gesundheit unterstützen.

Schließlich verbringen wir mehr Zeit und Stunden am Arbeitsplatz, als im privaten Bereich!

Dazu zählt auch die Notwendigkeit von Verhaltens- und Einstellungsänderungen bei den Arbeitskollegen und speziell auch bei den Fach- und Führungskräften!

Nur wenn sich Mitarbeiter am Arbeitsplatz wohlfühlen, wenn die Arbeit wieder Spaß macht, wenn die Verzahnung zwischen Privatleben und Arbeitsleben stimmt, sind Stress und Zivilisationsschäden zu reduzieren. Und mit großer Arbeitszufriedenheit steigt auch die Effizienz und Produktivität jedes einzelnen Mitarbeiters am Arbeitsplatz selbst!

17.6. Picknick-ähnliche Veranstaltungen

Viele Veranstaltungen sind dem ursprünglichen Picknick sehr ähnlich, ohne wirklich „Picknick" zu heißen oder genannt zu werden.

Speziell in anderen Ländern finden wir häufig Treffen von mehreren Personen, die eigentlich fast alle Komponenten von Picknicks enthalten, wie sich treffen, zusammen speisen, Nahrungsmittel untereinander austauschen und intensiv miteinander Kommunizieren.

Oft gibt es auch ein gemeinsames Motto, oder einen Anlass oder einen spezielle Ort, um diese Picknick-ähnlichen Treffen durchzuführen.

Die folgende Auszählung und die Beschreibungen erheben keinen Anspruch auf eine vollständige Darstellung der bestehenden Veranstaltungsvielfalt. Aber interessant ist es schon, wenn die Basis von Picknick-Veranstaltungen soviel kreative Veränderung und Erweiterung bieten.

Und wenn sich damit noch ein karitativer Zweck verbindet oder Wohlfahrtsarbeit gefördert und unterstützt wird, dann wurden weitere positive Aspekte von Picknick realisiert.

17.6.1. Potluck oder Potluck-Dinner

Diese Veranstaltung ist eine, unter anderem in den Vereinigten Staaten, bei Kirchengemeinden, Sportvereinen oder anderen Gruppen verbreitete Zusammenkunft. Jeder Teilnehmer bringt, ohne Absprache, eine Speise mit, die für mehrere Teilnehmer reicht und dann mit allen geteilt wird.

So kommen ohne großen Aufwand für den Einzelnen mehrgängige Buffets zusammen, und je größer die Gruppe, desto vielfältiger die Auswahl.

In der **Welsch-Schweiz** wird das **Potluck** als „**buffet canadien**" oder ähnlich bezeichnet und in der Deutsch-schweiz entsprechend meist als „**kanadisches Buffet**".

Potluck-Dinner: jeder bringt etwas für die gemeinsame Tafel mit!

17.6.2. Dîner en blanc (weißes Picknick)

Diese Veranstaltung ist eine Form des „Social-Dinings" und bezeichnet das auf Privatinitiative beruhende, über Netzwerke von Freunden und

Diner en blanc in Paris

Auf dem Weg zum Fahrrad-Picknck!

Bekannten organisierte Massen-Picknick weiß gekleideter Menschen an prominenten städtischen Orten. Ausgangspunkt des Phänomens war Paris. Mittlerweile gibt es gleichartige Veranstaltungen weltweit auf allen Kontinenten.

In Deutschland fand das erste *Dîner en blanc* 2008 in Hannover statt, seitdem zunehmend auch in anderen Städten im deutschsprachigen Raum.

Als Ursprung der Veranstaltung wird der Sommer 1988 genannt, als ein gewisser Francois Pasquier seine überfüllte private Gartenparty spontan in den nahegelegenen Bois de Boulogne verlegt haben soll. In der Folge verabredete man sich jeden Juni zu einem gemeinsamen, polizeilich nicht angemeldeten Picknick an einem öffentlichen aber bis zuletzt geheim gehaltenen Ort in Paris.

Verpflichtend für alle Teilnehmer ist vollständig weiße Kleidung von Kopf bis Fuß. Selbst mitgebrachte Tische und Stühle werden zu langen Tafeln zusammengestellt, alle Teilnehmer bringen ein dreigängiges kaltes Menü und Getränke mit. Als Schauplätze dienten unter anderem die Place de la Concorde, die Terrasse des Palais de Chaillot und der Innenhof des Louvre, zum 20. Jahrestag des Events die Alleen der Avenue des Champs-Élysées.

„Weisses Dinner" auch in Deutschland, hier: in Monschau

Das Diner Blanc galt lange als exklusives Oberschicht-Event ohne kommerzielle oder politische Hintergründe. Allerdings hat sich der Charakter der Veranstaltung mittlerweile verändert und zieht Menschen aus jeder Gesellschaftsschicht an.
So zeichnen sich gerade die Ableger in Deutschland dadurch aus, dass sie explizit jeden animieren, daran teilzunehmen. Die Anzahl der Teilnehmer geht mittlerweile in die Tausende. So versammelten sich im Juni 2012 an die 2000 Teilnehmer aus allen gesellschaftlichen Schichten in Berlin.

17.6.3. Steampunk-Picknick

Beim Wave-Gothic-Treffen 2017 der Stadt Leipzig trafen sich zum sechsten Mal die Freunde des **Retro-Futurismus** zum gemütlichen Beisammensein.

„Steampunker" sind die Fan-Gemeinde, die sich so kleidet, wie ihre „Vorbilder" aus klassischen Kinofilmen. Das können mittelalterliche Kostüme, Kostüme, wie sie in Western vorkommen, oder sogar Kostüme aus Science-Fiction-Filmen, wie Mad Max, Star-Wars, etc. sein.

„Steampunker" und Picknick

Die Gothic-Fan-Gemeinde bevorzugt Kostüme ausnahmslos in schwarz, während die Gesichter meist auch weiß geschminkt sind. 2017 wurde vom Deutschen Kleingärtner-Museum eingeladen, im historischen Ambiente der Schrebergarten-Anlage in Leipzig zu gastieren. Die Fachwerk-Villa bot nicht nur ein schönes Umfeld und eine große Wiese. Es gab in den anliegenden Gärten auch Historisches zu entdecken. Steampunk-Garderobe und historisierende Gewandung war erwünscht.

Es gab wieder eine Tafel, zu der jeder Gast seinen kulinarischen Beitrag hinzufügen konnte und sich dann natürlich auch bei den Speisen der anderen bedienen konnte. Dies war vor allem ein Versuch, den Aufwand für den Einzelnen zu mindern und Möglichkeiten zu schaffen, miteinander ins Gespräch zu kommen.

17.6.4. Picknick im Luisenpark 2017 in Mannheim

Nachdem das Parkfest in den letzten beiden Jahren so ein toller Erfolg war, gab es auch in diesem Jahr wieder ein Picknick für alle!

Und zwar auf der großen Wiese vor dem Pflanzenschauhaus, mitten im Luisenpark in Mannheim!

Mit feiner Musik und leckerem Fingerfood, oder gerne auch Mitgebrachtem aus Picknick-Körbchen. Für mediterrane Leckereien und kühle

große Picknick-Veranstaltung in Mannheim

Erfrischungsgetränke zu fairen Preisen sorgte wieder ein toller Caterer, zu finden auf der Wiese, hinter den „Tanzenden Steinen".

Ein Fest mit guten Sachen für den Bauch, und vor allem Gutem für die Seele: Ausgewählte Bands spielten mitten im Grünen entspannte Sounds, man lag auf der Decke, Lampions baumelten in den Ästen der alten Eichen und das Ganze bei guten Gesprächen. Es wehte ein laues, sommerliches Abendlüftchen, kurz, es war ein großer Abend, ein Abend, gewidmet der urbanen Parkkultur, ein Abend im Luisenpark, mitten in Mannheim.

17.6.5. Full Moon Picnic

In vielen Städten finden seit einigen Jahren, jeweils bei Vollmond, Picknick-Veranstaltungen statt, wie z.B. in München, Berlin, Magdeburg, Hamburg, Köln, Düsseldorf, Paris, Paarl (Südafrika) etc. Aufrufe zum Nacht-Picknick werden oft über Facebook geschaltet, wie:

„Am XXX ist wieder Vollmond am Berliner Himmel. Der ideale Abend also, um beim gemeinsamen Picknick im XXXpark einen tollen Ausblick zu genießen. Also packt euren

Picknick zur Vollmond-Nacht

Picknickkorb, klemmt euch eine Decke unter den Arm, nimmt euch was Warmes zum anziehen mit und genießt einen romantischen Abend mit Vollmond über Berlin!" t m

17.6.6. Mitternachts-Sternschnuppen-Picknick

Seit 27.7.2018, der Nacht mit der spektakulärsten Mondfinsternis des Jahrhunderts, hat es sich in breiten Bevölkerungskreisen herumgesprochen, dass es ein echtes Erlebnis sein kann, bei Dunkelheit den Himmel zu beobachten. Diese totale Mondfinsternis, mit einer kupferroten Mondoberfläche (genannt „Blutmond"), der sehr nahe Mars, direkt südlich unter dem Mond, dessen rote Oberfläche man sehr gut erkennen konnte und der „Überflug" der Internationalen Raumstation ISS (von Horizont zu Horizont) hatte per Rundfunk- und Presse-Vorankündigung viele Menschen zum „Mitternachtspicknick" überzeugt.

Weil in vielen Monaten spezielle Sternschnuppen-Schauern zu beobachten sind, bieten inzwischen schon einige Lokale Observatorien, ausgerüstet mit mobilen Fernrohren ein solches Picknick an, das dann bestenfalls sogar von einem Mitarbeiter der Sternwarte moderiert wird.

Name	Monat	Höhepunkt	Besonderes
Quadrantiden	Dezember / Januar	3./4. Januar	im Sternbild Bärenhüter in der Nähe des Großen Wagens bzw. des Großen Bären.
Lyriden	April	22.-23. April	im Sternbild Leier
Eta-Aquariiden	April / Mai	06. Mai	entstammen dem Halleyschen Kometen Südhalbkugel, Sternbilds Wassermann
Perseiden	August	11.-13. August	aus der Richtung des Sternbilds Perseus
Draconiden	Oktober	08. Oktober	im Sternbild Drache (am Kopfende)
Orioniden	Oktober	21.-22. Oktober	entstammen dem Halleyschen Kometen, in Richtung des Sternbilds Orion
Leoniden	November	17.-18. November	Sternbilds Löwe
Geminiden u. Ursiden	Dezember	14. u. 22:/23. Dezember	Sternbild Ursa Minor

17.6.7. Transsilvanisches Picknick

Transsilvanien, die Heimat Vlads III. bekannt als Dracula und schaurige Heimat des blutrünstigen Pfählers. Es ist schwer die Wahrheit und Legende voneinander zu trennen, da es eben so viele Sagen und Mythen rund um Dracula gibt.

Ohne diese würde aber die Gegend wohl keine Kulisse für schaurige Geschichten und **Gruselstimmung** darstellen. Die Sherlocks unter euch könnten der Frage nachgehen, ob das **Schloß Bran** oder die **Burg Poenari** die „wahre Burg Draculas" ist – wie von einigen behauptet wird. Jedenfalls soll er dort wirklich gewohnt haben – einen schönen Ausblick hatte der Graf hier garantiert, das solltet ihr euch unbedingt anschauen.

Besonders beliebt: Schloss Bran - war das der Sitz von Dracula?

Speziell zu **Vollmond** veranstaltet man in der Provinz „Transsilvanien" gruselige Picknicks mit, aber auch ohne Bezug zu „Graf Dracula".

Picknick mit Käse und Wurst: Gerade auf kleinen traditionellen Märkten kann man in Rumänien wirklich gut einkaufen und auch in kleinen Geschäften viele lokale Produkte erstehen. Kauft euch am besten ein frisch gebackenes Brot, ein Stück Käse und ein paar geräucherte Würstchen und setzt euch auf den Marktplatz der Altstadt von Brasov. Da könnt ihr den Leuten beim Leben zuschauen und dabei ein leckeres Picknick genießen.

Draculas verfluchter Freizeitpark: Für alle Dracula-Fans ist es eine Tragödie: Seit 15 (!) Jahren ist ein Freizeitpark ganz im Stil Draculas in Planung und wird doch nie fertig gestellt. Ursprünglich sollte er in Schäßburg (Sighisoara) errichtet werden, da dies die Geburtsstadt Vlads ist und somit ein direkter Bezug zu Dracula besteht. Der Park sollte wie eine dunkle Version von Disneyland erscheinen, doch die rumänische Regierung entschied sich reichlich spät dazu, den Bau des Park doch nicht zu genehmigen, nachdem sie die Befürchtung hatten, dass sie durch einen Freizeitpark die Anerkennung als UNESCO-Weltkulturerbe verlieren würden.

17.7. Picknick und Welt-Rekorde

17.7.1. Massen-Picknick im Hagapark (Schweden)

Weit vor den ersten Aufzeichnungen im Guinness-Buch der Rekorde fand im Juli 1967 ein riesiges Picknick in Schweden statt: zu den „Bellmann-Tagen im Hagapark" bei Stockholm. Der Hagapark, oder auch Hagaparken, wie ihn die Bewohner Schwedens nennen, befindet sich in der Gemeinde Solna und gilt als einer der schönsten Englischen Gärten weltweit. Selbst die „Garden Society Englands" kam zu dem Entschluß, dass der Hagapark eines der besten Beispiele für einen Englischen Park ist.

Der Hagapark grenzt unmittelbar an Stockholm und zeichnet sich durch verschiedenste Schlossbauten, Pavillons, Tempel und Museen aus. Selbst der Königliche Friedhof, auf dem mehrere Vertreter des schwedischen Regierungsgeschlechts begraben liegen, befindet sich im Hagaparken. Die beeindruckenden Tempelbauten im Hagapark lassen die liebevoll gestaltete Parkanlage Hagapark noch schöner erscheinen und bieten die Möglichkeit, auf eine Reise durch die letzten Jahrzehnte der Geschichte Schwedens zu gehen.

Mehr Informationen und viele Bilder er zahlreichen Schlösser und Prachtbauten in Hagapark findet man auch bei Wikipedia im WEB!
Im Juli 1967 fand hier das erste Parktheater, die „Bellman-Party", mit Picknick auf der Stora-Pelousen-Wiese unterhalb von Koppartälten statt. Es wurde Gesang und

Massen-Picknick im schwedischen Hagapark 1967

Musik in Carl Mikael Bellmans Geist geboten. Die Feier wurde jährlich für etwa zehn Jahre gefeiert und zog viele Tausende von Besuchern an. Das Parktheater hatte sein mobiles Bühnenauto für Musik- und Theaterdarbietungen im Hagapark stationiert.
Die Veranstaltung fand regelmäßig jährlich 1967 bis zum Jahre 1975 statt.

17.7.2. Guinness-Buch der Rekorde und andere Kuriositäten

Das größte Picknick mit den meisten Picknickern und im „Guinness-Buch der Rekorde" als solches ausgezeichnet, sprich mit aktiven 22.232 Teilnehmern, fand **2009 in Lissabon** in Portugal statt.

Der Original-Eintrag in das Guinness-Book-of-Records lautet:

„The largest picnic was set by 22.232 people and was organized by Realizar Impact Marketing and Modelo (Portugal), at the Parque da Bela Vista, in Lisbon, Portugal, on 20 June 2009. Participants from all around Portugal came to attend and set this record.

400 buses were organised to bring all the participants to the park were the record attempt took place. Participants were first counted at the gate, and later on arm bands with numbers were given to every one who was participating to confirm the number of people participating.
The record was attempted together with another two records, largest litter bin and loudest applause. "

Alle anderen Versuche, diesen Rekord zu schlagen sind bis 2017 gescheitert.

Neuere Rekorde, die das Ergebnis in Lissabon schlagen, liegen mir bis heute (Aug. 2018) nicht vor!

So hat z.B. 2017 eine Veranstaltung im Münchner Olympiapark, mit großer Unterstützung vom Flughafen München, der Abendzeitung und eines lokalen Rundfunksenders trotz aller Anstrengungen nur ca. 5000 Picknicker zusammengebracht.

Die „längste Picknick-Veranstaltung in Metern" fand im Juli 2012 in Kitchener in Ontario (Kanada) ca. 2 Autostunden südwestlich von Toronto, in der „Waterloo Region" statt. Die gesamte Strecke war 2277 m lang und ca. 4000 Personen saßen an 1000 Tischen. Natürlich wurde dieser Rekord auch im Guinness-Buch der Rekorde aufgeführt. Kitchener hat damit den Weltrekord von Halle, Deutschland, eingestellt, denn der betrug 2009 nur 1,979 m.

Das längste Picknick in Meter in Kitchener 2012

Den **„längsten Picknick-Tisch-am-Stück"** gab es laut Guinness am **18. Juni 2011 in San Francisco,** Californien mit 93m für 600 Gäste (the picnic table: 305-feet and three inches).

Der längste Picknick-Tisch 2011 in San Francisco

Die größte Picknick-Decke für 250.000 Leute wurde in der **Schweiz** im **Jahre 2013** gefertigt.
Eine einzige riesige Picknick-Decke für alle Leute, die zwischen Herisau, St. Gallen und dem Bodensee leben. Das war die Idee der St. Galler Künstler-Brüder Frank und Patrik Riklin. Die Tücher und Unterstützung kamen aus der Bevölkerung. So groß wie zwei Fußballfelder war das erste „Bignik".

In der Zukunft (bis 2043) sollen es 100 Fußballfelder groß werden – mit 252.140 Tücher von 252.140 Bewohnern.

Das „Bignik" entstand im Auftrag mit der „Regio St.Gallen" – eine Marketingorganisation aus 44 Gemeinden.

Die flächenmäßig größte zusammenhängende Picknick-Decke – so groß, wie 2 Fußballfelder

Die **Stadt Giessen** erzielt den **Picknick-Decken-Weltrekord** im **Mai 2015**
Bereits zum zweiten Mal ging es in Gießen um die „**längste ununterbrochene Picknickdecken-Strecke**". Zwar war man mit 1.647 m auch im Vorjahr erfolgreich, konnte jedoch mit dieser Länge nur einen neuen Deutschland-Rekord erzielen.

Doch im zweiten Anlauf sicherte man sich nun auf einem von Gießen Marketing und dem örtlich ansässigen Decken-Geschäft „Kolter" erfolgreich organisierten Event mit **2.433,60m** den Weltrekord, der bis dato seit Juli 2012 in Canada gehalten wur**de.**

Längste Strecke an nebeneinanderliegenden Picknickdecken von 2433,60m

Flashmob – Picknick (auch als weißes Picknick)

Wenn in den Sommermonaten Menschen mit Kühlboxen, Klapptischen und Gartenstühlen bepackt durch deutsche Großstädte ziehen, dann findet höchstwahrscheinlich irgendwo ein „Flashmob-Picknick" statt, völlig unangemeldet und spontan!

Weißes Flash-Mob-Picknick

Während beim „Diner en blanc" (so wie weiter oben beschrieben) oft eine Massenveranstaltung mit langer Vorbereitung notwendig ist, läuft ein Flashmob-Picknick nur über spontane und schnelle Verabredungen statt und die Einladung oder der Aufruf läuft nur über spezielle Netze im Internet und über Smartphones. Zudem sind die Teilnehmer eher Jugendliche und junge Leute. Obwohl diese spontanen Treffen riesige Mengen an Teilnehmern aktivieren können, sind sie natürlich auch nie bei „Guinness-Records" angemeldet; dennoch will ich sie hier nicht unerwähnt lassen.

6th Annual! Soiree en Blanc 2018; A Charity Flash Mob Picnic in Seattle

Tag des Teddybär-Picknicks – der „Teddy Bear Picnic Day".

Der **10. Juli** steht im „Rahmenkalender der kuriosen Feiertage" aus aller Welt mal wieder ganz im Zeichen der Teddybären. Denn dieses Datum feiern Teddybären-Fans in vielen Ländern als den sogenannten Tag des Teddybär-Picknicks (engl. Teddy Bear Picnic Day).

Der 10. Juni ist der „Teddy Bear Picnic Day"

Um was geht es dabei? Ein interessanter Hinweis auf den möglichen Ursprung des Tags des Teddybär-Picknicks ergibt sich durch das in Nordamerika sehr populäre Kinderlied „Teddy Bears' Picnic," dessen Melodie 1907 von dem US-amerikanischen Komponisten John Walter Bratton (1867 – 1947) geschrieben und 1932 vom irischen Songwriter Jimmy Kennedy (1902 – 1984) mit einem Text versehen wurde.

Es steht nun zu vermuten, dass dieser Feiertag irgendwie mit dem Kinderlied in Verbindung steht.

Das stimmt aber nun leider nicht!

So geht die Erfindung des „Teddy Bear Picnic Day" auf den malaysischen Hersteller von Zinnarbeiten „Royal Selangor" zurück, der zu Ehren des o.g. Songs eine ganze Kollektion an Zinngegenständen unter diesem Namen auf den Markt brachte und 1988 einfach selbst den 10. Juli zum Teddy Bear Picnic Day erklärte.

So hat sich aber inzwischen dieser Tag als „Feiertag" über den gesamten Globus verbreitet und eigentlich fragt kaum mehr jemand nach dem wirklichen Hintergrund dieser Geschichte!

Internationaler Tag des Picknicks am 18. Juni

Freundinnen und Freunde der gepflegten Mahlzeit unter freiem Himmel sollten sich den 18. Juni als Termin unbedingt in ihre Kalender vermerken.

Denn dieses Datum feiert man in vielen Ländern als den sogenannten **„Internationalen Tag des Picknicks" (engl. International Picnic Day).** Dass ein solcher Anlass einen eigenen Beitrag in der Sammlung der kuriosen Feiertage aus aller Welt verdient, versteht sich von selbst.

Wir, die Picknick-Freunde von http://www.picknick-bremen.de/, werden diesen Tag zumindest auf unserer Homepage bewerben und mit einem zünftigen Picknick feiern!

Picknick im Park

Spektakulärer Orgelsound und Picknick 2016 beim Nürnberger Klassik Open-Air mit Cameron Carpenter. Mit seiner digitalen Tournee-Orgel unter freiem Himmel konnte Carpenter viele Nürnberger und Gäste im Nürnberger Luitpoldhain begeistern. Klassik-Freunde und Neulinge auf ihren Handtüchern und Decken mit Picknick-Körben - jung und alt, Einheimische und Touristen, verliebte Pärchen und Großfamilien.

Wenn die untergehende Sonne den Park am Rand Nürnbergs in rotes Licht tauchte, hatten sich bereits Zehntausende ein Plätzchen zum Lauschen gesucht.

So fanden sich mehrere zehntausend Besucher ein. Die Veranstalter sprechen von über 60.000 Besuchern. Aber natürlich hatte nicht alle eine Picknick-Ausstattung dabei und natürlich war die Veranstaltung auch nicht als Guinness-Rekord geplant!

Orgel-Klassik-Konzert und Picknick im Nürnberger Luitpoldhain 2016 – Sicht von der Bühne

Australisches Massen-Picknick auf einer Brücke

Auf der Harbour-Bridge im australischen Sydney tobt normalerweise der Verkehr. Nicht so am Sonntag im August 2010:

Die leere Straße wurde mit echtem Gras-Soden überzogen. Der Grund: Die Australier planten ein Massen-Picknick.

Um sechs Uhr morgens erschienen die ersten hungrigen Australier zu dem Event, wo sonst der Verkehr rauscht.
Für frische Milch war auch gesorgt: vor der Brücke weideten extra antransportierte Kühe. Und dann ging es los. Rund 6000 Australier packten ihr Essen aus und genossen dabei den Blick auf die Metropole.

Das Ausmaß der Massen-veranstaltung wird erst aus dieser Perspektive deutlich.

6000 Picknicker auf der Brücke

Frei nach dem in Australien weit verbreiteten Prinzip „BYO" („Bring Your Own"), mussten sich die Teilnehmer das Essen selbst mitbringen.

Rund 6000 Glückliche hatten Karten für die außergewöhnliche Veranstaltung bekommen, die künftig im Rahmen des Essens-Festivals im Oktober einmal jährlich stattfinden soll.

Für frische Milch war gesorgt

Der Spitzenkoch Johann Lafer und sein „Heli-Picknick". Der Ausflug beginnt in Lafers Restaurant, auf der Stromburg, mit feinen Häppchen und einem spritzigen Apéritif, bevor man mit dem VIP-Shuttle zum nahen Startplatz von Heli-Gourmet gebracht wird.

Die Stromburg, das Restaurant von Johann Lafer

Dort wartet Johann Lafers Helikopter. Bis zu vier Personen erleben nun das „Welterbe Mittelrheintal" aus der atemberaubendsten Perspektive – der Vogelperspektive. Landeplatz ist 200m über der Stadt Bacharach. Dort warten dann Mitarbeiter des TV-Sternekochs mit Champagner und einen sechsgängiges Gourmet-Menü, komponiert von Johann Lafer auf die Heli-Gäste.

Das Heli-Picknick umfasst:

- Apéritif mit feinen Häppchen auf Lafers Stromburg
- Limousinenshuttle zum Startplatz
- Heli-Rundflug „Welterbe Mittelrhein", Dauer mind. 20 Min.
- Sechs-Gang-Gourmetmenü auf der Höhe bei Bacharach
- Limousinenrückfahrt zur Stromburg

Preise: 2 Pers. €2.960, 3 Pers. €4.440
         4 Pers. €4.884 (Stand Aug. 2017)

Johann Lafer

Das höchste bisher stattgefunden Picknick fand 1939 statt.

In diesem Jahr wurde dem Waldorf-Astoria-Hotel in New York zum neunten Mal ein neues „Make-up" verpaßt, es wurde Grund-Renoviert!

Vier junge Männer schlossen in der verrücktesten Stadt Amerikas eine Wette ab: sie wollten auf den Stahlträgern der Baustelle, ungefähr 40 Stockwerke über der Park-Avenue, ein Picknick veranstalten.

Diese Wette haben sie eingelöst und dementsprechend gewonnen!

Das höchste bisher stattgefundene Picknick fand 1939 auf dem Gerüst statt,
zur baulichen Erweiterung des Waldorf-Astoria Hotels in New York

18.   Picknick-Ausstellung in Frankfurt/Main 2017

Das „Museum für angewandte
Kunst" in Frankfurt am Main
zeigte vom 06. Mai bis 17.
September 2017 mit dem Titel
„Picknick-Zeit" die erste
umfassende Ausstellung dieser
Freizeitveranstaltung in
Deutschland, die seit den späten
90ziger Jahren des letzten
Jahrhunderts eine beachtliche
Renaissance erlebt.

Plakat-Bild zur Ausstellung

Der Untertitel der Ausstellung
„Ein Picknick im Grünen,
déjeuner sur l'herbe – das
gemeinsame Speisen in der Natur erfreut sich weltweit großer
Beliebtheit"** zeigte die wachsende Beliebtheit dieser Freizeitveranstaltung.

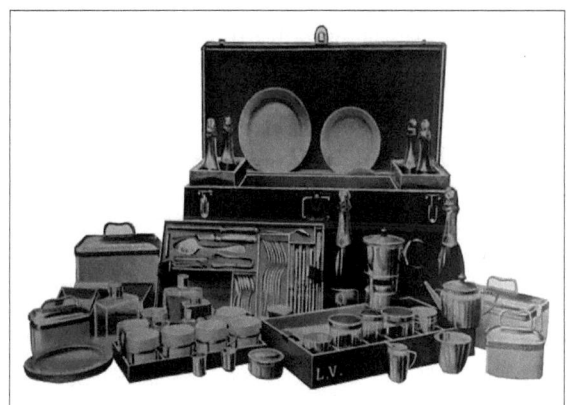

Edel Picknick-Koffer als Tee-Set von Louis Vuitton für den
Maharadscha von Baroda, 1926

Eine faszinierende Fülle
– versammelt auf über
1.000 Quadratmetern
Ausstellungsfläche –
von **Picknick-Utensilien**
unterschiedlichster
Form, Machart und
Herkunft, zahlreicher
Objekte, **Installationen**,
Fotografien und **Filme**
zeugten vom
Variantenreichtum einer
beliebten Kulturpraxis.

Die Ausstellung zeigte zahlreiche Beispiele: Wundervoll dekorierte
japanische Lack-Picknicksets aus der Zeit um 1800 aus dem „Victoria and
Albert Museum" in London und wiesen auf ihre Verwendung durch eine
hochentwickelte höfische Gesellschaft hin.

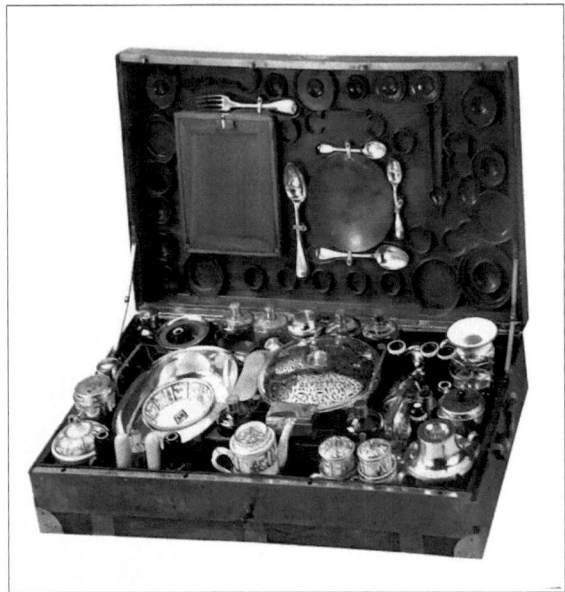

Ein Reisenecessaire der Königin Marie Antoniette, Paris 1788

Elegant-stabile Lederkoffer der Firma Louis Vuitton wurden in Frankreich für Auto- und Motorrad-fahrten ins Grüne entwickelt, luxuriöse Picknick-Körbe von Fortnum & Mason ließen mit Porzellangeschirr, Silberbesteck und mundgeblasenen Champagnerflöten keine Wünsche offen.

Leichtes Aluminium-geschirr erwies sich als praktisch beim Bergwandern in der Schweiz, Designprodukte aus Kunststoff standen für pragmatischen Komfort. Speziell erdachte Tische und Stühle, Kleidung, Fächer und Schirme ergänzten die Auswahl.

Den umfangreichen Katalog zur Ausstellung hat die Ausstellungs-kuratorin als gebundenes Buch herausgebracht.

Charlotte Trümpler, Matthias Wagner K: Picknick-Zeit. Buchhandlung Walter König, Köln 2017, 384 Seiten, € 32.-, **ISBN-10:** 3960981066 , **ISBN-13:** 978-3960981060 Größe 22,5 x 3,3 x 28,6 cm

Der Katalog als Buch mit 384 Seiten

19.   Wo gibt es z.B. im Umland Bremens schöne Picknick-Gelegenheiten und was macht einen geeigneten Picknick-Platz aus?

19.1. Wo darf man Picknicken und wo nicht?

Auf öffentlichen Grünflächen und an ausgewiesenen Badeständen in **Bremen** gilt:

„Sofern die Beschilderung nichts Gegenteiliges besagt, ist das Picknicken im öffentlichen Bereich überall gestattet. „

Dagegen darf man <u>nicht</u> überall in Bremen und „Umzu" Grillen! Die Feuergefahr durch Einmal-Grills ist einfach zu groß und oft verlassen die „Griller" ihren Platz, ohne ihren Müll mitzunehmen.!

Bei Privatgrundstücken muss man auf alle Fälle nachfragen und um Erlaubnis bitten.

Wenn ihr nach dem Picknicken den Rastplatz wieder gesäubert verlasst und eure Abfälle sowie die Flaschen wieder mitnehmt, dann hat wohl niemand etwas gegen euer Picknick!

Die Picknick-Ausstattungen von „Picknick-Bremen „sind quasi „müllfrei", weil alle Speisen in Mehrweg-Schraubgläsern verpackt sind (ähnlich Marmeladen-Gläserm) und die werden nach Gebrauch wieder abgegeben, gereinigt und wieder neu eingesetzt.

Die Flaschen, die wir verwenden, sind alles Pfandflaschen, bis auf Wein und Sektflaschen. Aber die wandern am Picknick-Ende in den Glas-Container.

Wir achten sehr genau auf „Müll-Vermeidung", denn dieser Ansatz ist besser, als späteres Müll-Recycling. Insofern haben wir auch keine Getränke in „Tetra-Packs" im Getränke-Angebot.

19.2. Auf die Schnelle: Picknick-Plätze in Bremen und „Umzu"

Hier ist erst einmal eine kleine Auswahl an interessanten und netten Plätzen in und um Bremen herum: **Googeln Sie doch einmal nach den folgenden wunderschönen Stellen:**

- in den Bremer Wall-Anlagen,
- Rablinghauser Weserpark,
- Wümme-Deich, Blockland, Lesum-Deich und an der Hamme
- Osterdeich-Wiesen in Bremen,
- die Weser bei Cafe-Sand,
- Badener-Berge bei Achim-Baden,
- auf speziell freigegebenen Wiesen im Bürgerpark (ausgewiesene Liegewiesen),
- im Stadtwald,
- Waller-Park,
- Knoops-Park,
- am Bremer Flughafen: Picknickplatz am Ochtum-Deich (Nähe Kladdinger Strasse) mit 2 Tischen und 4 Bänken,

- An Seen in und nahe bei Bremen wie: Stadtwald-See (Uni-See), Kuhgraben-See, Achterdiek-See, Werder-See, Sodenmatt-See, Waller-Feldmark-See, Behling-See, Mahndorfer-See, Bultensee, Oyter-See, Rottkuhle, Grambker-See, Sportparksee in Grambke, Steller-See, Richtung Norden: Spadener-See, Ohlenstedter-Quellseen, Weserhalbinsel Elsflether Sand, Weserhalbinsel Harriersand,
- Bad Zwischenahner-Meer, Dümmer-See, Steinhuder-Meer, an den Jade-Busen nach Dangast oder Hooksiel oder Schillig,
- an einem schönen Nordsee-Strand oder auf eine nord- oder ostfriesische Insel,
- oder direkt am Ostsee-Strand.

„Musik vereint" - Musik-Picknick zum 200 .Geburtstag des Musikvereins, 2018 in Düsseldorf

19.3. Was macht einen „guten Picknick-Platz" aus ?
Unser Projekt: Picknick-Platz-APP!

Es fing damit an, dass wir uns Gedanken machten, wo man eigentlich Picknick machen kann, in Bremen, um Bremen herum und in der ganzen Republik.

Erinnerungen an meine Studienzeit und Fahrten mit Gruppen von VW-Bussen nach Frankreich, brachten eine Lösung! In Frankreich gibt es neben Campingplätzen auch sogenannte Picknick-Plätze. Diese sind kostenlos zu nutzen, wenn man dort kein Zelt aufschlägt und kein offenes Feuer macht. Camping war auf diesen Plätzen verboten, aber Picknick (per VW-Bus) erlaubt, sogar Übernachtungen wurden geduldet.

So wie die Lage der offiziellen Campingplätze, sind in Frankreich auch auf allen Landkarten diese **kostenlosen Picknickplätze** mit einem speziellen ICON aufgeführt.

Die Picknick-Plätze, die wir dort an der Atlantik-Küste angefahren hatten, waren immer schattig und einem kleinen Kiefern-Wäldchen gelegen.

Teilweise gab es einen Unterstand und ein kleines Toiletten-Häuschen, bis hin zu Duschen, die von einem großen Wassertank gespeist wurden. Das war oft warmes Wasser. das durch die Sonnenbestrahlung im Laufe des Tages aufgeheizt wurde.

Natürlich standen dort Bänke und Tischen und Abfallbehälter, und es war eben alles kostenlos.

Weil wir solche „**verzeichneten Picknickplätze**" in Deutschland nicht finden konnten, haben wir uns zu folgendem Projekt entschlossen.

Wir haben also eine App mit angegliederter Datenbank entwickelt und ein geeigneter Name stand auch schnell fest: „PiLot – der Picknickplatz-Lotse"!

Mit dieser APP werden wir Picknickplätze sammeln und verwalten:

* wir sammeln Plätze an denen man Picknick machen kann,

* erst mal in Bremen und im Umland, später in der gesamten Republik,

- jeden (öffentlichen) Platz, den wir finden, versuchen wir so gut wie möglich zu beschreiben und alle nur möglichen Kriterien zu erfassen, wie Lage, Erreichbarkeit, Licht-, Wind- und Geräuschverhältnisse, Kinderfreundlichkeit, Bade- oder Schwimm-Möglichkeit, etc.

- Somit haben wir über 200 verschiedene Kriterien zusammengetragen und die Plätze in einer Datenbank abgespeichert.

- Diese Datenbank dient dazu Plätze mit ihren Besonderheiten zu suchen und auch zu finden!

- Im Augenblick (August 2018) haben wir ca. 300 Platze in Bremen, im Umland und in Bremerhaven erfasst, wie auch schon ca. 150 Plätze im Bundesgebiet.

- Aus der Datenbank werden wir eine APP entwickeln, die kostenlos auf allen internetfähigen Smartphones läuft,

- und man kann dann nicht nur Plätzen völlig nach eigenen Wünschen und Erwartungen **suchen** und auch **finden**, sondern wer selbst schöne und interessante Plätze findet, der kann sie in unsere Datenbank **einfügen** und damit der gesamtem Picknick-Community zur Verfügung stellen.

- Der Name der APP lautet **„PiLot – der Picknickplatz-Lotse"** und die Datenbank, also das Picknick-Verzeichnis, wird stetig wachsen, je mehr Interessenten ihre „Fundstücke an schönen Picknickplätzen" mit im unsere APP eingeben!

Sobald wir unsere Datenbank und die entsprechende APP und die Internetseiten zur Marktreife entwickelt haben, werden wir das über unsere Homepage www.picknick-bremen.de und unsere Facebook-Präsenz mitteilen!

Als Voransicht zeigen wir hier die „Oberflächen-Studien" unserer Picknick-Führer-APP „PiLot – Der Picknickplatz-Lotse"

Unser Konzept der Picknickplatz APP

Weil Picknick im Gegensatz zum gemeinsamen Grillen immer mit einem **Ortswechsel,** also einer Ausfahrt mit PKW, Fahrrad oder Boot zu tun hat, besteht natürlich immer **die Frage:**

„ Wo wollen wir denn unser Picknick veranstalten, wo wollen wir hinfahren?"

Mit unserer APP ist diese Frage ganz einfach zu beantworten. Man sucht nach einen Wünschen einen Platz in der APP-Datenbank.

Unsere APP wird in 2 Versionen verfügbar sein:

1. als sogenannte **Light-Version**, kostenlos down zu loaden und zu nutzen

    1. **mit Eintrags**- sprich **Editierfunktion** neuer Plätze
    2. aber nur mit einem **beschränkten Fundus** an gespeicherten Picknick-fähigen Plätzen im Bereich der **Suchfunktion**

2. als **Vollversion** zum Preis von unter 10 € mit vollem Inhaltsumfang der Datenbank und Editierfunktion.

Wir nutzen 18 Oberbegriffe mit insgesamt über 200 Unterpunkten zur umfassenden Beschreibung eines Platzes in der Datenbank! Die Oberpunkte gliedern sich, wie folgt:

1. Name des Erfassers eines dezidierten Platzes und Erfassungsdatum
2. Beschreibung der Lage des Platzes (u.a mit Geo-Koordinaten)
3. eins oder mehrere Fotos vom entsprechenden Picknick-geeigneten Platz
4. ist der Platz privat (und braucht man eine Erlaubnis), oder ist er öffentlich
5. textliche Beschreibung in jeweils 3 Sätzen zu „Lage" und „Besonderheiten"
6. Platz-Eigenschaften
7. Erholungswert
8. Erreichbarkeit
9. Landschaftlicher Reiz
10. Familien-Tauglichkeit
11. Fremd-Geräusche
12. Windverhältnisse
13. Lichtverhältnisse
14. Infrastrukturelle Anbindung
15. Welche Aktivitäten sind möglich?
16. Was gibt es zu sehen?
17. Eventuell folgendes Zubehör mitnehmen!
18. individuelle Beurteilung durch den Erfasser

Subjektive Bewertung mit 0 bis 5 Sternen (0=schlecht, 5=sehr gut)
(Aus Urheberrechtsgesichtspunkten haben wir hier die jeweiligen **Unterpunkte** (ca. 200) ausgeblendet!)

Eine Abfrage nach Plätzen aus dem Datenbank-Fundus könnten beispielsweise folgendermaßen aussehen. Die Suche erfolgt nach Auswahl von 10 aus insgesamt über 200 Einzel-Kriterien:

z.B.: Suche mir einen Platz mit folgender Ausstattung/Eigenschaften

1. Lage im Postleitzahlgebiet 28XXX
2. Mit Hütte oder Überdachung in der Nähe (bei Regen!)
3. WC im Umkreis
4. Kaum Fremdgeräusche
5. Windgeschützt
6. Einkaufsmöglichkeit in der Nähe
7. Outdoor-Spiele möglich
8. Tiere in freier Wildbahn zu beobachten
9. Guter Handy-Empfang
10. Bewertung mindestens 3 von 5 Sternen

Das Ergebnis wird automatisch in der Datenbank gesucht:
Mindestens 3 aus den o.g. 10 Suchkriterien müssen zutreffen und dann werden maximal 5 infrage kommenden Plätze gezeigt.
Kriterien die zutreffen werden auf der Ergebnisseite mit einem grünen Haken kenntlich gemacht. Nicht zutreffende Kriterien aus dem 10er-Raster werden mit einem roten Kreuz gekennzeichnet.

Ein weiterer Punkt in der APP:
Tipps & Tricks zum Themenbereich „Picknick"
Neben den Möglichkeiten des Suchens nach geeigneten Plätzen und das Eingebens von neuen Plätzen, gibt es auch einen sehr großen Bereich mit vielen nützlichen Informationen zu Picknick-Themen, wie z.B.:

- eine „Hall of Fame" eine Liste der 10 beliebtesten Picknickplätze der Community
- eine Checkliste, was man zum Picknick mitnehmen, sprich einpacken sollte
- der link zum kostenlosen Download unseres 26 seitigen eBooks „Anleitung zum erfolgreichen Picknick"
- interessante links zu Picknick im Internet
- eine Gegenüberstellung: Was ist der Unterschied zwischen „zusammen grillen und zusammen picknicken"?

- Anlässe für ein zünftiges Picknick
- Picknicken als Veranstaltung für Unternehmen
- Picknicken und Gesundheit
- Kontakt zu den Produzenten dieser APP über www.picknick-bremen.de
- usw.

In unregelmäßigen Abständen werden wir die o.g. Beiträge ergänzen oder austauschen und geben unserer Community an diesem Blog teilzunehmen und eigene Beiträge zu platzieren.

Startbildschirm

Wenn die APP auf dem Smartphone gestartet wird, zeigt sich dieser Eröffnungsbildschirm.

PiLot - Der Titel der App setzt sich aus **Pi**(cknick) und **Lot**(se) zusammen – der Untertitel **„Datenbank und Tipps"** stellt den Kern der App dar.
Die Datenbank im Hintergrund wird stetig ergänzt. In der Startphase werden wir Plätze im Bremer Umland verzeichnen, sowie ca. 150 überregionale Plätze im gesamten Bundesgebiet.
Über Werbung, Marketingaktionen und Gewinnspiel-Aktionen, sowie über eine interessierte Community, werden wir die Anzahl der zur Verfügung stehenden Plätze erweitern. Unser Wunschziel ist es, den gesamten deutschsprachigen Raum mit Informationen zu bedienen.

Der Menü-Kopf geht weiter zum Haupt-Menü der Applikation.

Haupt-Menü-Bildschirm

Über die 7 Menü-Punkte, bzw. Maus-Klick auf die jeweiligen Buttons lassen sich alle inhaltlichen Kapitel der Applikation erreichen.

Das Auswählen der in der Datenbank schon gespeicherten Standorte erfolgt durch Menüpunkt 1. „einen Platz suchen".

Alle anderen Menüpunkte sind selbsterklärend und zeigen Einblicke in das gesamte Themengebiet um diese Freizeitveranstaltung.

Die Hauptsteuerung der gesamten APP wird hier schon (grau=inaktiv) ein-geführt und bietet die 3 Optionen „zurück", „vor" und „direkt zum Hauptmenü", d.h. zu diesem Bildschirm.

Navigationsmöglichkeiten bestehen so im Infobereich mit erkennbaren Bedien-Aggregaten (Buttons und herausgehobene links), sowie über den"Fußbereich" mit den „Haupt-Buttons".

Untermenü-Bildschirm,„Tipps & Tricks"

Dieser Bereich bietet Platz für alle Informationen zu Picknick, die nicht über die Datenbank erfolgen und Fragen zu Picknick beleuchten.

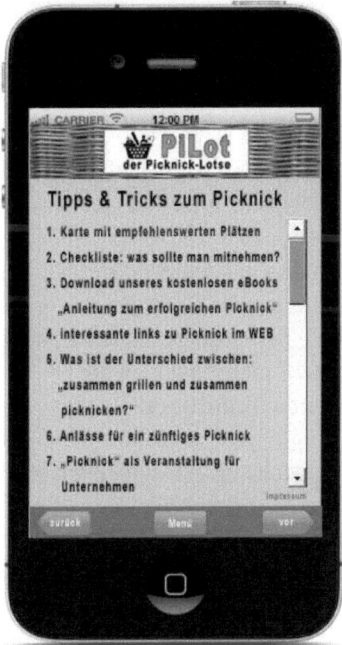

Diese Informationen werden wechseln und vielleicht ersetzt werden, von Beiträgen oder Wünsch-Themen unserer User und unserer Community.

So ist z.B. ein wichtiger Punkt zu erörtern: was mache ich, wenn ich keinen Picknick-Korb und keine Kühltasche zur Verfügung habe und welche Utensilien aus dem klassischen Haushalt kann ich statt dessen einsetzen. Rezepte von Picknick-Fingerfood, Rezept-Quellen im Internet, bis hin zu Themen, wie: was haben unsere Eltern früher an Speisen zum Picknick mitgenommen und wie läuft das in anderen Ländern ….

Der Ein- und Ausgabe-Bildschirm

Über das **Eingabe-Feld PLZ** kann der zu suchende PLZ-Bereich **(auch 28XXX ist möglich)** per Hand eingegeben werden.

Ebenso können die beiden **Geodaten** eines Ortes oder Platzes per Hand einge- geben werden, wenn sie bekannt sind.

Automatisch läuft dagegen die Darstellung per Karte des aktuellen Standortes und zwar im 70km Umkreis um den aktuellen Standort. Per Klick kommt man dann auf die Karte. Will man andere Bereiche aufrufen, so macht man das über die **Deutschlandkarte**.

Im nächsten APP-Bildschirm kann man dass Scrollen und Vergrößern und seine Wunschregion anwählen. Die ca. 200 Eigenschaften eines Platzes kann man über Klick auf die **Fragezeichen (???)** erreichen und dort seine Wünsche eingeben in 18 Oberkategorien mit entsprechenden Unterpunkten.

Such-Auswahl über Einzelkriterien, aber auch Erfassungsformular für ein Eingabe einen selbst gefundenen Platzes

Neben der „grafischen Suche" über eine Landkarte mit den eingezeichneten Plätzen (siehe oben), gibt es noch die **2. Suchmöglichkeit** über einzelne Begriffe und **Suchkriterien**.

18 Obergruppen mit jeweils umfangreichen Unterbegriffen ergeben zusammen ca. **200 Charakteristika**, wie man einen Picknick-Platz qualitativ beurteilen und suchen kann.
Neben positiven Punkten stehen aber **auch negative Beurteilungs-punkte**, wie z.B. „zu laut weil Flughafennähe" oder „kein Schattenplatz vorhanden", etc. zur Verfügung!

Die Seite **zur manuellen Eingabe von neuen Platzkriterien** entspricht im Großen und Ganzen auch der oben stehenden Abfragemaske. Über den Schieberegler rechts (slider) erreicht man die anderen Punkte.

Hier ist das Erfassungsformular (Seite 1von 4) in der unausgefüllten „Blanko-Version" zu sehen. Also auch wenn man jetzt einen eigen-gefundenen Platz eintragen will, nutzt man diesen Bildschirm und beschreibt damit den Platz, den Fundort und die Rahmenbedingungen.

Auswahl über die automatische Generierung einer Karte rund um den ausgelesenen aktuellen Standort

Wenn man möchte, kann man sich automatisch eine **Umfeld-Karte** um den aktuellen Standort erstellen lassen.

Das Smartphone kennt ja den aktuellen Standort über GPS. Es sei denn, man hat diese Funktion abgestellt (was nicht empfohlen wird!).

Mit den **+ und – Tasten** (rechts unten) lässt sich die Karte, so wie das unter Google gewohnt ist, vergrößern und verkleinern.

Mit dem Finger lässt sich auch der Kartenausschnitt über wischen verschieben.

Wenn die Karte größer gezogen wird, kann man dort verzeichnete Picknick-Plätze erkennen und wenn man diese dann **antippt**, kommt man zu der jeweiligen **Detail-Seit**e mit Angaben zu dem selektierten Picknick-Platz.

(siehe auch „Detail-Seite oder Suchergebnis-Seite")

Die Deutschlandkarte

Wenn man jetzt nicht eine Standortkarte im Umkreis von ca. 70 km automatisch per GPS generieren lassen möchte, sondern irgendeinen anderen Regionalraum oder Standort, wählen will, dann wählt man zum Suchen diese große **Übersichtskarte.**

Es lassen sich auch (in der Datenbank bestehende) Picknick-Plätze in anderen Regionalräumen heraussuchen. Und auch das geht genauso wie auf der Internet-GOOGLE-Map-Karte.

Wischen mit 2 Fingern vergrößert oder verkleinert den Karten-ausschnitt. Das geht auch mit der + und – Taste rechts unten.

Das Wischen mit einem Finger verschiebt den Kartenausschnitt.
Bei entsprechender Vergrößerung der Karte kann man auch die dort verzeichneten Picknick-Plätze erkennen. Per Finger-Klick auf des Platz-Icon erscheint die jeweilige Detailseite des Platzes mit Fotos, Beschreibung und Geo-Koordinaten.

Diese Geo-Koordinaten kann man in eine Navigations-APP kopieren und sich genau zu diesem Platz leiten lassen, völlig automatisch.
Aber auch in ein separates NAVIGATIONSGERÄT können sie die Geodaten eingeben. Das ist heute herrschender Standard bei fast allen Geräten.

Detail-Seite oder Such-Ergebnisseite

Wenn nach einen Platz gesucht wurde und dann mehr als 3 der gesuchten 10 Eigenschaften zutreffen, werden eine oder mehrere Trefferplätze als Detailseite angezeigt.

Ganz oben wird der **Titel**, sprich Ort des 1. Platzes angezeigt. Es ist hier der 1. von 4 Treffern auf die Suchanfrage. Die Plus-Einblendung im **Foto** zeigt, dass weitere Fotos im Archiv liegen. Zu jedem Platz sind maximal **3 Fotos** gespeichert und dement-sprechend abrufbar.

Die weiteren Fotos erreicht man, indem man mit dem Finger auf dem Foto nach rechts oder nach links wischt. Die Fotos sollen das typische Erscheinungsbild des Platzes dokumentieren.

Der Punkt „**Lage**" beschreibt den Standort und den Weg dorthin.

Der Punkt „**Beschreibung**" beschreibt die offensichtlichen Besonderheiten des Platzes.

Die **Geo-Koodinaten** des Platzes werden ausgelesen und per Klick wird die MAP und der genaue **Standort in Google aufgerufen oder in ein Navigationsprogramm kopiert.** Rechts neben den Geodaten werden alle **Treffer** gezählt (hier 1 von 4) und über die „**VOR**"-Taste unten kann man zwischen den Treffern hin- und herblättern.

Die **grünen Haken** bei den gesuchten Kiterien bestätigen die Sucheingaben, die **roten Kreuze** zeigen an, dass diese Eigenschaften an diesem Platz nicht vorhanden sind.

Die „Über-Seite"

Auf dieser Seite werden Informationen über

- die Entstehung der APP,
- über die Förderer/Webepartner,
- über weitere Erweiterungen,
- über das Unternehmen „Picknick-Bremen",
- etc.

gegeben.

Hier steht immer das NEUSTE …

Impressum

Auf dieser Seite stehen alle rechtlich erforderlichen Daten und Fakten über

- die Urheber und Betreiber dieser APP, sowie deren Adressen,
- das Copyright,
- der Datenschutz,
- und alle sonstigen rechtlich vorgeschriebenen Fakten.

Diese APP-Beschreibung ist nur ein erster Prototyp, eine Funktionsskizze der noch umzusetzenden APP mit Datenbank. Dennoch liegen alle Rechte für die her verwendeten Fotos, Grafiken, Navigationsstrukturen und Texte beim Urheber! Unerlaubter Gebrauch läuft gegen das Urhebergesetz und ist verboten.

Copyright 2018/2019 by Roland W. Schulze, Bremen

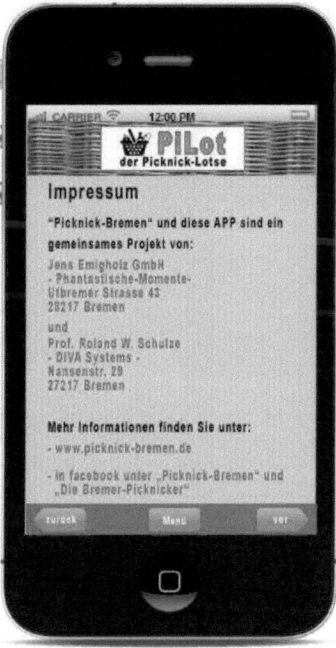

klassisches Oldtimer-Picknick mit Mercedes 190 SL (Bj 1955 - 1963)

20.   Einige tolle Picknick-Plätze in und um Bremen per Foto

Achterdiek-Park

Achterdiek-See

Altmann-Höhe in den Wall-Anlagen

Eispohl/Sandwehen -Rönnebeck

Borgfeld, Jan Reiners-Weg

Borgfelder Deich, Wümmewiesen

Weserstrand in Woltmershausen
genau gegenüber der Überseestadt-Bremen

eine der Wiesen im Bürgerpark
mit Blick zur Bremer Innenstadt

21.   Internetseiten, die sich auch mit „Picknick" beschäftigen

Wer an dem Thema „Picknick" interessiert ist, findet im Internet einen wahren Fundus an Informationen, die aber erfahrungsgemäß sehr verstreut sind. Daher gibt es hier einige Tipps zum ersten Stöbern und Surfen nach Picknick-Informationen im WEB:

Wikipedia – das digitale Lexikon schreibt über „Picknick" und dessen Geschichte, Quellen, etc.	**WIKIPEDIA** Die freie Enzyklopädie https://de.wikipedia.org/wiki/Picknick
Ein umfangreicher Blog mit vielen interessanten Informationen rund um das Thema „Picknick", aber im Augenblick noch mit dem Focus auf die Picknick-Projekte in Berlin.	 www.picknick-tipps.de
Living-at-Home ist ein digitales Magazin im Internet mit sehr breit gestreuten Themen-Gebieten, u.a. auch über Picknick!	**LIVING** **AT HOME** http://www.livingathome.de/kochen-feiern/gaeste/1995-rtkl-tipps-fuers-picknick
Im „Museum für angewandte Kunst" in Frankfurt/Main lief vom 16. Mai bis 17. September 2017 die Ausstellung: „Picknick-Zeit" und die Inhalte gingen von den Anfängen des Picknicks bei den Griechen bis zum „Paneuropäischen Picknick", der Grenzöffnung 1989 in Ungarn.	 https://www.museumangewandtekunst.de/de/museum/ausstellungen/picknick-zeit.html

Picknick ist mehr als nur eine Essen-Pause! Brotzeit am Untersee

22.   Picknick – international und länderspezifische Essenstipps

Picknick ist keinesfalls nur eine europäische Kultur-Tradition, sondern wird tatsächlich weltweit praktiziert. Natürlich gibt es in jedem Land dazu auch spezielle Anlässe, spezielle Orte und natürlich auch spezielle Speisen und Getränke. Aber allen Veranstaltungen ist gemeinsam, dass man sich mit einer „angenehmen Gesellschaft" umgibt, oder diese sogar einlädt, einen netten Ort zusammen besucht und zusammen speist, Nahrungsmittel tauscht und ausgiebig kommuniziert.

22.1. Picknick-Kultur und Picknick-Geschichte in Japan

Von den griechischen und römischen Picknicks einmal abgesehen, wird in Europa zum ersten Mal 1649 ein „Picknick in Paris" erwähnt. In Japan aber kennt man aber Picknick schon seit dem 8. Jahrhundert und es wird, quasi ohne Pause, bis zum heutigen Tag praktiziert. Wie weiter oben schon erwähnt, begrüßt man heutzutage den Start der wärmeren Jahreszeit im März des Jahres, mit dem großen Hamani-Fest in den blühenden Kirschgärten in Japan mit Massen-Picknicks (**https://de.wikipedia.org/wiki/Hanami**).

Picknick zum Hanami-Fest in Japans Kirschgärten

Zum **Pikunikku** ピクニック so heißt Picknick auf japanisch, bringt man Speisen und Getränke in besonderen Behältnissen mit (siehe rechts). Das sind keine Weiden-Picknick-Körbe, so wie wir sie kennen, sondern eher kleine Edel-Holz-Koffer mit unterschiedlichen Behältnissen, gedeckelten Dosen („Bento-Boxen") für die Speisen und Schälchen und Ess-Stäbchen. Als Getränk gibt es Tee oder auch Sake (Reis-Wein) und weil

Moderner japanischer Picknick-Koffer

beides warm serviert wird, ist auch manchmal ein kleines Stövchen dabei oder Thermoskannen. Interessant ist, dass es richtige **Regeln** gibt, wie man sich beim **Hanami-Fest** zu verhalten hat.

Die Bäume sollen pfleglich behandelt werden, es soll nicht auf die Wurzeln getreten und keine Blüten abgepflückt werden. Es soll kein Müll hinterlassen werden und man soll auch Müllbeutel mitbringen, um den Müll wieder nach Hause mitzunehmen, Grillen im Freien ist teilweise verboten und auch alkoholische Getränke sind teilweise verboten (in Mengen) zu sich zu nehmen.

How to do Hanami? Hanami Manners!

🚫	Treat the trees carefully. Do not pull on or shake branches. Do not pick blossoms. Don't climb the trees. Don't stand on the trees' roots.
🚫	Take proper care of your garbage. Note that some parks do not have garbage bins. Be prepared to take your garbage home.
🚫	Check and respect local rules. They differ from park to park. Many parks do not allow barbecuing. Some have a curfew in the evenings. A few do not allow alcoholic beverages.

Essen in Behältnissen und Koffern mitzunehmen findet in Japan nicht nur für das Picknick statt, sondern ist fester Bestandteil des täglichen Lebens – Essen in Essensboxen – in **Bento-Boxen**!

Selbst die japanische Fremdenverkehrszentrale (http://www.jnto.de/) beschreibt das folgendermaßen auf seiner Internetseite:

*„Was unser Pausenbrot ist, ist dem Japaner seine **Bento-Box**. Eigentlich bezeichnet man so die Lunchbox an sich, egal ob mit oder ohne Inhalt. Früher aus Holz gibt es sie heute in alle Materialen. Viele japanische Mütter richten morgens liebevoll die Bento-Boxen für Ihre Lieben her. Dann gibt es später kunstvolle Landschaften, Gesichter oder Comicfiguren zum verspeisen… Geschäftsleute bringen Ihre Bento-Box für die Mittagspause mit und der Abwechslungsreichtum von Reis, Gemüse, Fleisch und Fisch in kleinen Happen ist lecker und gesund. An den Bahnhöfen verkaufen zahlreichen Geschäfte die Eki-Ben – die praktischen Lunchboxen für eine Zugfahrt. Oftmals gibt es sogar dabei auf die Region abgestimmte Spezialitäten, wie z.B. Tintenfisch aus Hokkaido. Auch die Saisonalität der Zutaten wird beachtet, wie etwa Bambussprossen im Frühling oder besondere Pilze im Herbst. "*

Bento-Boxen

Ob nun Lunchboxen oder Picknick-Behältnisse gefragt sind, haben sich gerade japanische Industrie-Designer heutzutage sehr mit deren Form- und Funktionsgestaltung beschäftigt.

Im Kapitel 8 (Picknickkörbe, Koffer und Picknick-Rucksäcke) sind einige herausragende japanische Gestaltungen von zu sehen.

Besonders schön sind die alten Picknick-Koffer, die „Sage Jubako", der japanische Name für Picknick-Sets mit Dosen. Diese kleinen Koffer sind aus Edelhölzern gefertigt mit Einlegearbeiten aus Gold, Silber oder Perlmutt und das alles ist mit „Japan-Lack" überzogen.

Auf Aktionen werden heute für diese Koffer aus dem 18.-19. Jahrhundert oft mehr als 1.500 Euro pro Stück geboten.

Sage-Jubako oder Lack-Picknick-Boxen wurden traditionell in Japan für den Transport von Mahlzeiten zu besonderen Anlässen wie Ausflüge zu Tempeln oder Festivals verwendet. Die **vierstufigen Jubako** oder **Nistcontainer** (frühe Bento-Boxen) wurden mit Essen gefüllt, während die Tokkuri-Flaschen mit Sake gefüllt wurden. Aber Picknick-Boxen waren für viel mehr als nur Transport einer Mahlzeit gedacht; Inhalte wurden sorgfältig und kunstvoll arrangiert und fest verpackt, um Fülle darzustellen und große Sorgfalt zu zeigen. Beliebte Inhalte variierten je nach Jahreszeit, konnten aber auch Gemüse, Eier, Reis und roher Fisch sein.

Japanische Picknick-Koffer sog. „Lacquer-Ware" aus dem 18. und 19. Jahrhundert

  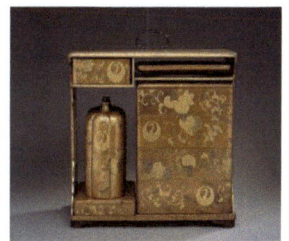

22.2. England

Großbritannien bezeichnet sich gerne als Erfinder des „picnic" (wie übrigens Frankreich auch). Fakt ist aber, dass die Engländer Picknick gerne mit anderen Ereignissen verbinden, wie Cricket -Veranstaltungen, Tennis- und Reit-Tourniere, Autorennen, Oldtimer-Treffen

Strand in Formby bei Liverpool

usw. Und natürlich muss alles Stilecht sein, ein echter Weidenkorb muss her, eine Decke im klassischen Schotten-Muster und die Kleidung der Teilnehmer muss „gediegen", fast schon aristokratisch chic sein. Es wird geplant und organisiert und das betrifft dann natürlich auch Spesen und Getränke. Dennoch werden in England auch an landschaftlich herausragenden Plätzen Picknicks veranstaltet, wie z.B. hier am Formby-Beach bei Liverpool.

Der kilometerlange **Strand in Formby** ist der ideale Ort für ein Picknick für die ganze Familie – inklusive Meerblick. Siehe Karte unten!

> ➤ **Bei einem Picknick dürfen hier die berühmten englischen Pasteten, Gurken-Sandwiches und schottische Eier nicht fehlen. Wer nicht genug Essen dabei hat, den beliefert dort sogar ein mobiler Essenswagen mit Eis und anderen Snacks.**

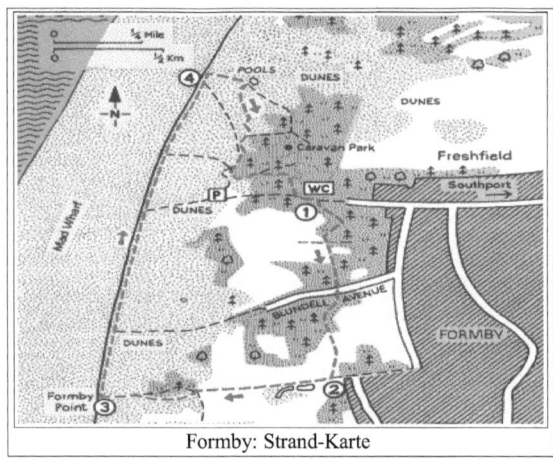

Formby: Strand-Karte

22.3. Frankreich

Im Gegensatz zu den Engländern, veranstaltet man hier ein Picknick äußerst spontan, ohne große Vorbereitung und spezielle Ausrüstung oder Garderobe.

Wichtig ist nur, dass man nette Leute findet und mit denen zusammen ein äußerst leckeres Essen zu sich nimmt und den Tag zusammen genießt.

In Frankreich, wo es neben den klassischen Campingplätzen auch extra ausgewiesene Picknick-Plätze gibt, oft mit Bänken und teilweise sogar mit Toiletten und Duschen (siehe Foto), ist das natürlich geradezu höchst einladend für ein eigenes Picknick.

Zu empfehlen sind die vielen Picknick-Plätze an der französischen Atlantik-Küste und in Südfrankreich.

Einfacher Picknick-Platz mit Unterstand in Frankreich bei Sauterre de Geyrenne

Picknick-Platz mit sehr guter Ausstattung in einem kleinen Häuschen am franz. Atlantik bei Bordeaux

Man darf hier natürlich nicht übernachten. Aber oft hat man sogar Plätze in kleinen Wäldern und damit sogar schattige Plätze.

Nicht umsonst ist das Picknick mit Familie und Freunden in Frankreich eine der beliebtesten Freizeitaktivitäten.

Der französische Landschafts-
garten in Paris, im englischem
Stil, ist der ideale Ort für ein
entspanntes Picknick inmitten
der Liebeshauptstadt.

1867 wurde er unter Napoleon
III. eröffnet und ist einer der
größten Parks der Stadt.

Paris: Picknick im Park mit Blick über die Stadt

Da der Park auf Steinbrüchen
erbaut wurde, beeindruckt er mit
enormen Höhenunterschieden, originellen Grünflächen, Grotten,
Tropfsteinhöhlen und Wasserfällen.

> ➤ **Gepicknickt wird in Frankreich natürlich mit frischem
> Baguette, gutem Fromage und leckerem Rotwein.**

22.4. Belgien

Überall in Belgien laden Seen und
Kanäle zum Picknicken ein.
Der Nationalpark „Hoge
Kempen" befindet sich östlich der
Provinz Limburg und ist der
bisher einzige Nationalpark
Belgiens.

Picknick am Rande des Narzissen-Waldes im
Nationalpark

Auch hier sind Picknicks möglich
und auch erlaubt.
Auch am Rande des
Narzissenwaldes, bei Kelmis / La Calamine kann man picknicken (siehe
Bild oben).

> ➤ **Der Picknickkorb sollte mit dem berühmten Belgischen Bier,
> Limburger Käse und natürlich allerhand Schokolade und
> Pralinen gefüllt sein (bitte alles kühlen!)**

22.5. Schweiz

Die Schweiz ist das Wanderland schlechthin und wo viel gewandert wird, müssen auch Pausen und Picknicks eingelegt werden. Ein idealer Ort für solch ein Wanderpäuschen sind **die Gruebinen** – die Grillstellen – **im Rigiland**, sie liegen mitten im Grünen nahe der Station Rigi Kaltbad.

Picknick im Rigiland in der Schweiz

Wanderer finden hier schattige Plätzchen für ein Picknick vor, sowie Bänke, Tische und Grillstellen. Kletterfelsen und Teichanlagen bieten Abenteuer und Erfrischung für die ganze Familie.

> ➢ **Zu Essen gibt es für die Picknicker in der Schweiz am besten Rösti oder belegte Brote mit würzigem Emmentaler.**

22.6. Spanien

Auf der iberischen Halbinsel gibt es viele Gegenden, die sich für Picknick anbieten und die auch intensiv von den Touristik-Verbänden beworben werden.

Herausragend sind Landschaften und Plätze u.a. bei Barcelona und in Katalonien, bei Valencia, Malaga, etc.

Gemütliches Picknick mit wunderbarer Aussicht

Inzwischen gibt es sogar zahlreiche Vermieter von Picknick-Körben, die sich auch im Internet finden lassen, wie z.B. http://picnic-barcelona.com/en/.

> ➢ **In Spanien picknickt man am liebsten mit Brot, Schinken und natürlich Tortillas, sowie Rioja-Wein.**

22.7. Niederlande

In Holland haben alle großen
Städte einen schönen Stadtpark zu
bieten, in dem man insbesondere
am Wochenende oder an warmen
Sommerabenden picknicken und
grillen kann.

Man kann seinen eigenen Korb
mitbringen oder einen mit allen
möglichen Köstlichkeiten

Bootstouren mit Picknick in den Niederlanden

gefüllten Picknickkorb mieten! Der Vondelpark: in Amsterdam ist ein
wunderschöner Ort für ein Picknick, wie auch „Waterloopbos", einem
erholsamen Waldgebiet, das u.a. 35 nachgebaute Miniatur-
Wasserkonstruktionen aus der ganzen Welt beherbergt. Diese Kombination
aus Natur und Technik ist für Erwachsene und Kinder gleichermaßen
interessant. Viele Holländer besitze auch Boote und nutzen die Kanäle und
die damit verbundenen Seen gerne zu längeren Ausfahren zu denen oft ein
Picknickkorb samt leckerer Füllung mitgenommen wird.

> ➤ **Ein typisches holländisches Picknick besteht aus kalten
> Pfannkuchen, Obst und Gemüse sowie niederländischen
> Sirupwaffeln.**

22.8. Italien

Nicht nur die Italiener, sondern
auch die Touristen picknicken
gerne in Italiens wunder-
schöner Natur.
Weil es aber auch inzwischen
zur Mode geworden ist, direkt
in den Innenstädten, möglichst
noch im Altstadtkern die
öffentlichen Plätze mit

Picknick mit Radtour in Italien

Picknicks zu belegen, hat sich
die italienische Regierung dazu entschlossen, diese „Stadt-Picknicker" mit
einer Strafe von je 500 Euro zu belegen. Damit hat man mit Erfolg
geschafft, wilde Picknicks z.B. vor dem großen Kolosseum zu verhindern.

Doch es gibt noch andere Zufluchtsorte nahe den Hauptattraktionen, die zu einem Picknick taugen und wo es auch erlaubt ist. Wunderschön ist auch ein Picknick im „**Wald von San Francesco**" mit einem sehr spirituellen Picknickplatz.

> **Für ein echtes italienisches Picknick benötigt man natürlich vor allem Antipasti: leckere Oliven, Käse, getrocknete Tomaten und alles, was der Gaumen begehrt, und natürlich einen italienischen Chianti Rotwein.**

22.9. Österreich

Ob in den Weinbergen, am Seeufer oder im Schlossgarten: der kulinarische Reichtum Österreichs lässt sich bei Picknicks im Grünen genussvoll und in zauberhafter Landschaft entdecken.

Grazer Schlossberg mit Blick über die Stadt

Österreich bietet echte, unverfälschte Natur. Man findet sie in tiefgrünen Wäldern, auf blühenden Almwiesen, in glasklaren Seen und entlang in der Sonne glitzernden Bergflanken
Vom österreichischen Tourismus-verband (www.austria.info) werden im Internet viele Plätze, die für ein Picknick geeignet sind, beschrieben.
https://www.austria.info/de/aktivitaten/wandern-und-alpen/picknick-im-grunen
So z.B. der Grazer Schlossberg, ein mächtiger Felsen und Zentrum der Grazer Altstadt in der Steiermark.

> **In den Picknickkorb gehört auf jeden Fall Steirisches Kürbiskernöl, welches die Steiermarker zum Verfeinern beinahe aller Speisen verwenden, ein grüner Salat, Rührei oder Sandwiches. Zu trinken gibt es Weißwein aus lokalen Anbaugebieten, Welsch-Riesling oder Grauburgunder sind hier die beste Wahl.**

22.10. Portugal

Die riesige bewaldete Parkfläche im Nordwesten der **Hauptstadt Portugals** hält nicht nur einen, sondern gleich mehrere Picknick Plätze bereit.

Endlose Wander-, Reit- und Fahrradwege, Trimm-dich-Pfade, Spielplätze und Skate-Anlagen machen die grüne Lunge der Stadt zu einem

wunderschönes grünes „Picknick-Umland" um Lissabon

einzigen Naherholungszentrum sowie zur größten Grünfläche Lissabons. Auf einer umzäunten Fläche von 16 Hektar leben zahlreiche Tierarten, außerdem werden freie Areale für Ausstellungen und Konzerte genutzt. Die Landschaft um Lissabon wird auch „Centre de Portugal" genannt und bietet auch gute Möglichkeiten zu Touren zu kleinen romantischen Dörfern, immer verbunden mit einem Picknick!

> ➤ **Auf dem Picknick-Speiseplan stehen hier die Bolinhos de Bacalhau – kleine Kabeljauküchle – sowie Blätterteig-Törtchen mit einem Glas leckerem Vino Verde.**

22.11. Schweden

Gerade dieses herrliche Seen-Land ist äußerst tolerant, wenn es darum geht, die Natur und die Landschaft zu genießen. Überall in Schweden sind für „Jedermann und überall" Rastpausen, Camping-Stopps und natürlich auch Picknicks erlaubt, aber immer unter den Bedingungen, dass man kein

Mittsommer-Fest in Schweden

offenes Feuer macht und dass man keinen Müll hinterlässt oder die Natur sonstwie schädigt.

Gerade zur Mittsommernacht, den längsten Tag und kürzeste Nacht des Jahres, veranstaltet man in Schweden gerne Picknicks. Am Mittsommer-Abend wird ein geschmückter Baumstamm aufgestellt und viel gegessen, getrunken und gesungen und ein Riesen-Picknick veranstaltet. In Schweden ist Mittsommer nach Weihnachten das wichtigste Fest.

➢ **Kulinarisch besonders beliebt sind am Mittsommer-Tag die ersten neuen Kartoffeln, die zu Mittsommer mit Hering, Schmand und Schnittlauch serviert werden. Und auch ein Gläschen Schnaps in Begleitung des einen oder anderen Trinkliedes, darf zum Mittsommer-Fest nicht fehlen.**

22.12. Finnland

Auch in Finnland wird natürlich das Mittsommerfest gefeiert.

In Finnland gibt es 39 National-parks, und anlässlich der 100-jährigen Unabhängigkeit des Landes im Jahr 2017 wird der 40. Nationalpark seine Tore öffnen.

„Polarlichter schauen" zum Winter-Picknick

Nationalparks sind überall im Land verstreut – am Schären-Meer, an Seen, in Sumpfgebieten und Fjells – und präsentieren die verschiedenen Eigenheiten der Landschaft, wie Stromschnellen, Schluchten und Esker. Besucher können nicht nur die landschaftlich reizvolle Natur erkunden und Tiere beobachten, sondern auch sportliche Aktivitäten wie Wandern, Klettern, Schneeschuh-Touren und andere Outdoor-Aktivitäten erleben. Besonders beliebt ist aber auch Picknick im kalten Winter, um die herrlichen Polarlichter am Himmel zu beobachten.

➢ **Was braucht es für ein gutes finnisches Picknick? Dunkles rundes Brot, Käse, Gurke, ein paar Snacks und natürlich „Lapin kulta" – finnisches Bier, dessen Name soviel bedeutet wie „Lapplands Gold", und zum Nachtisch noch Lakritz und finnische Schokolade.**

22.13. Russland

In Russland macht man genau so gerne Picknick, wie bei uns hier in Deutschland. Picknick heißt auf russisch **Piknik** (Пикник).

Die Natur mit einer fabelhaften Flora und Fauna, riesigen Wäldern und Seen laden zu Picknick ein und eine Fahrt über die Stadtgrenze hinaus, ist immer beliebt für ein Picknick.

Russische Ostern: Picknick auf dem Friedhof

Aber die Russen haben eine alte Tradition: viele Familien machen dort jedes Jahr zu Ostern ein Picknick auf dem **Friedhof**. In Russland ist **Ostern** (Russisch: Пасха [páskha]) das größte und schönste religiöse Ereignis im Jahr. Die Feierlichkeiten sind sogar prächtiger als an Weihnachten. Bei den Gräbern ihrer Verwandten essen sie ein Osterbrot mit Rosinen (Kulitsch). Diese Tradition, die sich gegen Behörden und Kirchenobere entwickelte, wurde inzwischen eine Art Volksfest, so dass bis heute viele Menschen, ob gläubig oder nicht, zum Friedhof spazieren. Die Stimmung der meisten Besucher ist ausgelassen. Ostern ist schließlich Tag der Wiederauferstehung, also ein Festtag der Lebenden und nicht der Toten.

> ➢ **Zum Picknick gibt es Kulitsch (Osterbrot mit Rosinen), Pascha (Quarkkuchen) und Ostereier; der eine oder andere Schluck Wodka darf dabei nicht fehlen.**

22.14. Indien

In Indien ist zu Picknicken schon eine recht schwierig Aktion. Für eine Region, die fast das ganze Jahr über mit der Hitze der Sommersonne belastet ist, ist die Freude, draußen mit Essen, Freunden und Familie zu treffen, auf die kurzen Monate des verträglichen Wetters zwischen

Indien: Picknickplatz in Dabu

Dezember und Februar zurückzuführen: Picknicken ist in erster Linie ein Wintervergnügen. Indische Romane und Reiseberichte berichten immer wieder von ausladenden Picknicks in ausgetrockneten Flußbetten. Zusammen mit einem Arsenal von Töpfen und Pfannen zum Kochen, schaffen die Picknicker ein bewegliches Festmahl mit Lautsprechern. Den Tag tanzen und trinken, das Picknick ist eine raue Angelegenheit. Leider lassen sie auch viel Müll und Abfälle zurück!

> **Das Picknick-Essen besteht oft aus: indischem Linsensalat, Kartoffeltüten mit Chili-Dips und Fladenbrot (Chapatis), verschiedenen Chutneys und als Getränk Mango-Lassi.**

22.15. Mexico

Am 2. November, Allerseelen, begeht man in Mexiko, gemischt mit aztekischer Tradition und katholischem Glauben, ein gemeinsames Ritual.

„el dia de muertos" - mit Picknick auf dem Friedhof

Tagelang feiert ein Land die tröstliche Vorstellung, dass die Toten zurückkehren, um ihre Familien zu besuchen.

Den Tag der Toten feiern die Mexikaner als großes Volksfest – mit einem Picknick am Grab des Großvaters und mit Totenköpfen aus Zuckerguss auf dem Friedhof statt.

> **Man isst zum Picknick verschiedene Wraps und verschiedene Dips, wie z.B. Avocado-Püree (Guacamole), Tortilla-Tüten mit gebackenen Bohnen und Salat mit Erdnüssen und grüner Papaya.**

22.16. Südafrika

Mit Beginn des südafrikanischen Sommers im Oktober startet im Land am Kap auch die Picknick Saison.

Picknick in Tswalu mit Blick
über das Kalahari Reservat

Vor der Kulisse der südafrikanischen Weinberge und am Flussufer des Klip-Rivers, lassen sich die handgefertigten und saisonalen Speisen gleich doppelt so gut genießen. Speziell die Weinbauern vermieten Picknick Körbe mit leckeren Füllungen und verbinden oft das Picknick mit einer anschließenden Wein-Verkostung und Besichtigung des Weingutes.

Auch Fahrrad-Touren mit Mountain-Bikes und Picknickkörben und Routen durch die Weinberge oder durch Städte werden angeboten. Auffallend sind auch die vielen Angebote im Internet von Picknickkorb-Vermietern aus der südafrikanischen Region.

Man hat das Gefühl, dass Süd-Afrika **DAS Picknickland** der südlichen Halbkugel darstellt!

> ➢ **Zum Picknick nimmt man z.B. folgende Speisen und Getränke mit: einige Baguettes, eine Auswahl an Pasteten und Dips, gehobener und hausgemachter Aufschnitt, klassischer Coronation-Hühnersalat, Kartoffelsalat mit Senfmayonnaise, grüner Salat, Käse aus der Region, Kekse, Konfitüren und ein Dessert.**

Wenn Du mal ein zünftiges Motto-Picknick veranstalten möchtest, z.B. ein Länder-Picknick, dann schau mal in Internet auf www.chefkoch.de , denn dort gibt es Rezepte für viele länder-typische Speisen und Getränke und sogar Spezialitäten für leckere Picknicks!

Mit Leckereien gefüllter Luxus-Picknick-Korb

23.   Skurrile Picknicks in vielen Variationen
(eine Bilder-Show)

Picknick in der Werbung:- hier die Diesel-Jeans-Kampagne in Spanien aus 2015
Wer hat eigentlich den Bildhintergrund gestaltet?)

„Picknick" ist immer noch diejenige Freizeitveranstaltung, die eigentlich in fast jedem Rahmen, für jedem Anlass und mit wirklich exotischen Ausstattungen und Ausrüstungen stattfinden kann.

Was wir herausgefunden haben, ist manchmal sehr interessant und das wollen wir hier zeigen. **Die folgenden Spielarten zeigen u.a.:**

- Picknick im Wandel der Zeit. Von den 50ziger Jahren bis heute
- Picknicks mit einem besonderen Motto oder für ein bestimmtes Clientel/Zielpublikum
- Entwicklung und herausragende Designs von Körben, Koffern oder sonstigen Ausrüstungsgegenständen und Behältnissen
- Picknick in Comics, quer durch alle Genres
- Picknick in der Werbung oder als Werbeträger
- Produkte mit direkter Kopplung zu Picknick
- Picknick in Preisausschreiben

Picknick 1950	Picknick 1955	Picknick 1960
DDR-Picknick mit Trabi	Motorrad-Picknick am Wald	Picknick-Fest
Kinder-Picknick	New York-Picknick	Picknick und Ausritt
Oldtimer-Treffen und Picknick	Russisches Picknick im Herbst	Wiener Hunde-Picknick

Barbi & Ken-Picknick

Streng geordnetes Picknick

Spezieller Fahrrad-Picknick-Korb

Design-Picknick für das Fahrrad

Picknick-Fahrrad-Eigenbau

Ultra-Design-Picknick für Fahrrad

Am Hals hängender-Picknick-Tisch

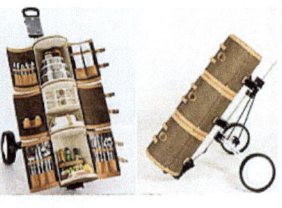

Design-Picknick-Caddy

Klapp-Tisch+Stühle für Picknick

Alu-Klapp-Tisch+Stühle für Picknick

Picknick-Rucksack samt Klapp-Stuhl

Kiste mit allem, samt Tisch+Stühlen

Picknick-Postkarte 1935

Picknick im Märchen

Picknick im Comic

Picknick bei Donald Duck
und Verwandten

Sesamstrasse: Picknick
bei der Maus

Snoopy-Picknick bei den
Peanuts

Picknick in der Cadillac-
Werbung 1955

Umstrittene Kraft-Werbung
für Salatsoße

Picknick Werbung - Hunde-
Kaugummi

MINI inkl. Picknick-
Ausstattung

Rolls-Royce inkl. Picknick-
Ausstattung

„Camouflage-Picknick"
Heineken Beer

PKW-Modell DACIA-
Picknick

Geramont-1 Picknick-
Gewinnspiel

Geramont-2 Picknick-
Gewinnspiel

Coca Cola-Werbung

Pepsi Cola Werbung

Zeitschrift „Eat Smarter"

Seaplane-Picknick in Canada

Hippie-Picknick in San
Francisco

Safari-Picknick in Afrika

Die Herausgeber beim Picknick im Bremer-Bürgerpark: Roland W. Schulze und Jens Emigholz

24.   Bildverzeichnis, bzw. Bildquellen und Urheberrechte

In diesem eBook und gedrucktem Taschenbuch sind Bilder und Bilder der folgenden Anbieter, Produzenten und Eigner abgebildet, die auch die Inhaber der jeweiligen Copyrights mit allen Urheberrechten darstellen:

Seite	Bild, bzw. Beschreibung	Quelle und Rechte und Copyright ©
1	Titelbild dieses Buches	R.W. Schulze, Bremen, 2018
5	Porträt Jens Emigholz	Ronald D. Vogel, Uepsen, 2014
5	Porträt Prof. Roland W. Schulze	Ronald D. Vogel, Uepsen ,2014
6	Familien-Picknick mit weißer Ente (2CV)	Buch Cover: Citroën 2CV – Die Ente: Lebensfreude auf Rädern, Knaak/Kurze
11	Porträt Greg McKinsley	www.geo.de Geo-Reisecommunity, alter Mann in Kuba
11	Fahrrad-Picknick mit Korb	www.pinterest.de , Gabrielle Savoie	Savvy Home
13	Picknick-Weidenkorb und Picknick-Rucksack	R.W. Schulze, Bremen, 2018
14	Der Rolls-Royce-Picknick-Koffer	http://www.auto.de/magazin/zum-abschied-ein-picknick-korb-fuer-den-rolls-royce-phantom/

15	Bild: victorianisches Picknick 19.Jahrhundert	https://www.prickettandellis.com
16	Ein Picknick nur mit Delikatessen	https://www.globus.ch/delicatessa/delicuisine/stories/pickni ck-geschichten
17	Für Verliebte: ein Mondschein-Picknick	www.pinterest.de
18	Künstler-Picknick in der Darmstädter Innenstadt	http://www.echo-online.de, Darmstadt 2015
18	Mal wieder ein spontanes Picknick machen!	http://spinnliesl.blogspot.de/2014/09/spontanes-picknick.html
19	3 kleine Bilder für Motto-Picknick	www.pinterest.de
20	Besuchskorb/Adventskorb	R.W. Schulze, Bremen, 2018
21	Griechischer Markierungsstein zum „Eranos"	https://de.wikipedia.org/wiki/Eranos
22	„Prandium" - das römische Picknick als gestickter Gobelin	www.augsburg.de/kultur/museen-galerien/roemisches-museum
23	Picknick in Xanten am Rande der historischen, römischen Befestigungsanlagen	http://geoxantike.de/begleitende-events/picknick/ 2015
23	Besucher beim römischen Picknick	http://geoxantike.de/begleitende-events/picknick 2015
24	Bäuerliche Essenspause bei der Landarbeit	www.pinterest.de
25	Victorianischer Picknick-Korb um 1875	www.pinterest.de
25	James Tissot - La Partie carrée , ca. 1865	https://www.wikiart.org/en/james-tissot/partie-carree-1870 Pulic domain
26	Picknich-Pause beim Cricket-Spiel	www.pinterest.de
27	Porträt: John Montagu, 4. Earl of Sandwich	http://sandwichhistory.org/twinning-with-sandwich-england/
28	zwei leckere Sandwiches auf dem Teller	https://www.picknick-tipps.de/das-perfekte-club-sandwich/ M. Steinhilb, Berlin
29	Plakat: Englisches Plakat mit Sandwich-Vorschlägen	http://reciperadar.tumblr.com/post/158547409476/
30	Amerikanische Isolierkanne, ca. 1900	https://www.etsy.com/de/
30	Thermos-Kannen, ca. 1935	https://www.etsy.com/de/
31	Hinweis auf Picknickplatz in Frankreich	R.W. Schulze, Bremen, 2018
32	Der Autor auf dem Weg zum Picknick, Fahrt mit Youngtimer zum Nordsee-Picknick	R.W. Schulze, Bremen, 2018
33	ein PKW-Maybach Museum, Neumarkt	R.W. Schulze, Bremen, 2018
33	Picknickkorb von Maybach als Zubehör, um 1920	R.W. Schulze, Bremen, 2018
33	Ausfahrt und Picknick im Elsass 2015	R.W. Schulze, Bremen, 2018
33	Picknick beim Oldtimer-Treffen in Genf 2016	R.W. Schulze, Bremen, 2018
34	Paneuropäische Picknick, Grenze 1989	http://www.tagblatt.de/Schwäbisches Tagblatt, Artikel 19.08.2014
34	Mediterranisierung, Nutzung öffentlicher Flächen	www.pinterest.de
35	Weser-Promenade in Bremen	R.W. Schulze, Bremen, 2018
35	Rhein-Promenade bei Köln	R.W. Schulze, Bremen, 2018

36	Picknick zum Konzert in Knoops Park	Bremer-Tourismus-Zentrale (BTZ)
36	Old British Syle beim Konzert, , Knoops-Park	R.W. Schulze, Bremen, 2018
37	Japanischer Picknick-Koffer, ca. 18. Jh.	www.pinterest.de
38	Hamami-Fest in Japans Kirschgärten	http://www.japanupdate.com/2015/03/hanami-spring-festival-is-all-japan-occasion/
39	Soft-Kühltasche und aktive Kühltasche 220V und 12V	www.pinterest.de
41	alle Bilder zu Speisen auf dieser Seite	R. W. Schulze, Bremen, 2018
43	5 Bilder von Picknick-Kochbüchern in Amazon	www.amazon.de
43	Picknick mit Speisen am Bach	http://www.essen-und-trinken.de/
44	8 Bilder der traditionellen Picknick-Speisen	R.W. Schulze, Bremen, 2018
44	Bild zum Rezept "Falaffel"	www.chefkoch.de
45	Bild zum Rezept "Wiener im „Brezenteig"	www.chefkoch.de
45	Bild-Collage zu der Dipp-Beschreibung	R.W. Schulze, Bremen, 2018
46	Bild zum Gazpacho-Rezept	www.chefkoch.de
47	Bild zum Rezept mit den "kleinen Törtchen"	www.chefkoch.de
47	Bild zum Rezept "original British Picnic"	www.chefkoch.de
49	Bild zum Rezept japanisches Picknick Nr. 1	www.süddeutsche-Zeitung.de Süddeutsche Zeitung SZ
50	Bild zum Rezept japanisches Picknick Nr. 2	www.süddeutsche-Zeitung.de Süddeutsche Zeitung SZ
51	Bild zum Rezept italienisches Picknick	www.chefkoch.de
52	Tresen mit italienischen Antipasti	R. W. Schulze, Bremen, 2018
54	Collage mit verschiedenen Mixgetränken	www.chefkoch.de
55	niederländischer Händler 17.Jh.	https://de.wikipedia.org
55	Tchibo-Kaffee-Packung	R. W. Schulze, Bremen, 2018
56	vier Bilder zur Zubereitung von ColdBrew	R.W. Schulze, Bremen, 2018
57	zwei Bilder zur Zubereitung von ColdBrew	R.W. Schulze, Bremen, 2018
58	neun Bilder von Picknick-Körben	diverse Quellen www.amazon.de und www.ebay.de und www.pinterest.de
59	neun Bilder von Picknick-Taschen+Rucksäcken	diverse Quellen www.amazon.de und www.ebay.de und www.pinterest.de
60	klassische Picknickdecke im Schottenmuster	R.W. Schulze, Bremen, 2018
62	zwölf Bilder von Picknick-Decken	diverse Quellen www.amazon.de und www.ebay.de und www.pinterest.de
63	neun Bilder von Picknick-Designer-Entwicklungen	diverse Quellen www.amazon.de und www.ebay.de und www.pinterest.de
64	neun Bilder von Picknick-Designs für Fahrräder	diverse Quellen www.amazon.de und www.ebay.de und www.pinterest.de
65	neun Bilder von exklusiven Picknick-Koffern als PKW-Zubehör	diverse Quellen http://www.sothebys.com/ und www.pinterest.de
66	neun Bilder von Picknick-Kühltaschen- und -Boxen	diverse Quellen www.amazon.de und www.ebay.de und www.pinterest.de

67	neun Bilder von Picknick-Zubehör	diverse Quellen www.amazon.de und www.ebay.de und www.pinterest.de
68	zwei Bilder zu "Spielen ohne Material"	http://www.spielewiki.org/wiki/Kategorie:Spiel_ohne_Material
69	acht Bilder von Picknick-Outdoor-Spielen	R.W. Schulze, Bremen, 2018
70	Vier Bilder von Picknick-Outdoor-Spielen	R.W. Schulze, Bremen, 2018
71	Outdoor-Ringwurf-Spiel	R.W. Schulze, Bremen, 2018
72	Boccia-Spiel: die Kugeln	R.W. Schulze, Bremen, 2018
73	Boccia: das Spielfeld	https://de.wikipedia.org/wiki/Boccia
73	Boccia-Spieler in Italien	https://de.wikipedia.org/wiki/Boccia
76	Outdoor-Riesen-Mikado	R.W. Schulze, Bremen, 2018
77	Wikinger-Schach oder KUBB: die Figuren, das Spielfeld	https://www.kubb-spiel.de/Kubb-Spielregeln/
79	Wikinger-Schach: Screenshot Abwurf des Königs	https://www.kubb-spiel.de/Kubb-Spielregeln/
79	Wikinger-Schach: Tasche. Figuren und Spielfeld	https://www.kubb-spiel.de/Kubb-Spielregeln/
80	Klettwesten-Wurfspiel	R.W. Schulze, Bremen, 2018
81	Standard-Frisbee	R.W. Schulze, Bremen, 2018
82	2 Frisbee-Größen und Spielsituation	R.W. Schulze, Bremen, 2018
84	Federball-Spiel	R.W. Schulze, Bremen, 2018
86	Lenk-Drachen-Matte, im Flug und ausgebreitet	http://www.lenkdrachenfeuer.de/
87	Drachen-Befestigung und Knoten	http://www.lenkdrachenfeuer.de/
88	Drachen-Steuerung	http://www.lenkdrachenfeuer.de/
89	Das Windfenster	http://www.lenkdrachenfeuer.de/
89	Der große Würfel	R.W. Schulze, Bremen, 2018
90	Fahrrad-Rallye	https://www.praxis-jugendarbeit.de/spielesammlung/spielstationen-fahrrad-rally.html
92	Disk-Golf - Spielszene	https://www.sv1860minden.de/sportarten/disc-golf
93	Diskgolfbahn in Minden	https://www.sv1860minden.de/sportarten/disc-golf
95	Die Wurftechnik des Frisbees beim Disk-Golf	https://www.sv1860minden.de/sportarten/disc-golf
96	„Picknick macht Spaß"- Pärchen mit Picknickkorb	www.pinterest.de
97	Fragespiel. „Wer bin ich"	http://bilder.t-online.de/b/49/47/98/36/id_49479836/920/tid_da/wer-bin-ich.jpg
98	Designstudie aus Holland, Fahrrad	R, W, Schulze, Bremen 2018
100	Sternschnuppe am Nachthimmel	http://www.br.de/sternenhimmel/sternschnuppen-meteore-sternenhimmel-100.html
100	Geschäftshaus	www.pinterest.de
101	Outdoor-SeminarSituation	http://convention.kaernten.at/de/279/betrieb/Detail/644
101	Teambuilding, Balance-Übung	www.pinterest.de
102	Outdoor-Seminar – mit Teilnehmern	https://parkhotel-hannover.de/tagungshotel/tagung-und-teamevents/

102	Hinweisschild "Outdoor-Seminar"	https://de.fotolia.com/tag/lehrstoff
103	Teilnehmer auf dem Weg zum Outdoor-Seminar	https://de.fotolia.com/tag/lehrstoff
104	Wirtschaftswunder-Zeit: Familie mit Porsche-356 beim Picknick	www.pinterest.de
106	6 kleine Situations- und Themenbilder zu Motto-P.	R.W. Schulze, Bremen, 2018
106	Stapel mit Umzugskartons - Umzug von A nach B	http://umzugstipps.com/
107	Melkhus-Häuschen	https://de.wikipedia.org/wiki/Melkhus
109	Zwölf Outdoor-Utulities	R.W. Schulze, Bremen, 2018
111	Angekommen: Picknick am See	http://emmabee.de/2013/10/10/ich-glaubs-nicht/
112	Picknick am Bootssteg	https://www.pinterest.de/source/schoengeistig.tumblr.com/
113	Boot mit Picknick-Korb	https://www.pinterest.de/source/hello-moments.tumblr.com/
115	Der pure Luxus: der Oxford-Weidenkorb	http://www.very-scottish-shop.de/picknickkorb-optima.html
115	Der Klassiker unter den Decken	http://www.very-scottish-shop.de/picknickkorb-optima.html
116	Die Solar-Kühlbox	http://www.solarbag-shop.de/
116	Das Outdoor-Spiel Wikinger-Schach, Edelholz	https://www.logoplay-holzspiele.de
116	Das Akku+Bluetooth Soundsystem	http://www.mediamarkt.de/
117	„Picnic-Berlin" auf dem Tempelhofer-Flugfeld	http://www.picnic-berlin.de. Lena Wenkebach
118	zwei Landkarten mit unterschiedlicher Auflösung	R.W. Schulze, Bremen, 2018 und Google-Maps
120	Picknick-Weidenkorb und Picknick-Rucksack	R.W. Schulze, Bremen, 2018
121	Bollerwagen und Lastenfahrrad	R.W. Schulze, Bremen, 2018
121	Lasten-Fahrrad	R.W. Schulze, Bremen, 2018
121	Fiat 500 mit Heckträger+Picknick-Korb	www.pinterest.de
122	Wetter-Icons im Überblick	http://www.philipprinz.com/portfolio/telekom-wetter-icons
124	Icon: Kachelmann, und Icon Weather-Chanel,	die Urheberrechte liegen bei den Produzenten der jeweiligen Appliationen
125	Icon: Bayer-Agrarwetter, BayWa	die Urheberrechte liegen bei den Produzenten der jeweiligen Appliationen
126	Icon: BayWa, Raiffeisen24	die Urheberrechte liegen bei den Produzenten der jeweiligen Appliation
126	Alligator in Florida beim Picknick	http://www.dailymail.co.uk/news/article-3325291/
127	Bellender Schäferhund	https://community.midoggy.de/bellender-hundboeser-hund/
127	Schaf	https://www.peta.de/das-unbekannte-leben-von-schafen
128	Kuh	https://www.blick.ch/life/reisen/ch/ausflug/bauer-wird-schlauer-wie-melke-ich-eine-kuh-id6194691.html
128	Arzt-Logo	www.hoevelhof.de/portrait/11_gesundheit_sicherheit/116070100000011484.php
128	Wespe	https://www.schaedlingsprofi-

153	Sommer in Lesmona	Bremer-Tourismuns-Zentrale (BTZ)
154	Shakespeare im Bremer Bürger-Park	Bremer-Tourismuns-Zentrale (BTZ)
155	Musik und Picknick am Holler-See in Bremen	Bremer-Tourismuns-Zentrale (BTZ)
156	Hinweis-Schild "Stress-Entschleunigung"	R.W. Schulze, Bremen, 2018
157	Paar beim Picknick im Park	www.pinterest.de
159	Potluck-Dinner	http://www.foodandwine.com/articles/how-to-host-a-potluck-dinner
159	Diner en blanc in Paris	http://blog.lovetwain.com/culture/dinner-en-blanc/
160	Auf dem Weg zum Fahrrad-Picknick	www.pinterest.de , Gabrielle Savoie | Savvy Home
161	Diner en blanc in in Monschau	http://www.monschau.de/de/aktuell/veranstaltungen/detail/Diner-en-blanc-853q/
162	„Steampunker" und Picknick	http://clockworker.de/cw/category/veranstaltungen/
163	Picknick in Mannheim	ww.regio-kult.de/event/picknick-im-park-am-22-juli-2017-im-luisenpark-in-mannheim/
163	Picknick zur Vollmond-Nacht, beliebt für Flashmobs	http://www.die-glocke.de/1500-Gaeste-picknicken-im-Mondlicht
165	Schloss Bran – Schloss von Graf Dracula?	https://www.piratinviaggio.it/pacchetti-volo-hotel/weekend-super-low-cost-in-transilvania-2-notti-in-ottima-struttura-volo-ar-e-auto-2_12585
166	Picknick in Schweden, Hagapark	https://commons.wikimedia.org/wiki/File:Hagaparken_Bell mansdagen_1967.jpg
167	Logo Guinness World Records	http://www.guinnessworldrecords.de/
168	Picknick-Rekord in Kitchener	https://www.therecord.com/news-story/2627983-longest-picnic-ever-kitchener-sets-world-record/
168	San Francisco 2011 picnic-table-record	http://www.sfgate.com/business/article/Safeway-goes-natural-to-avoid-becoming-roadkill-2366249.php
169	BIGNIK, Frank und Patrik Riklin, Picknick--Decken	Foto: Daniel Ammann, 2015
169	Giessen, Weltrecord, Kolter-Decken	http://www.mykolter.de/rodel-weltrekord-hessen
170	weißes Flashmob-Picknick	http://www.mohltied.de/events/picknick-in-weiss-natuerlich-im-gruenen/
170	Record 2018; A Charity white Flash Mob Picnic Seattle	https://www.meetup.com › Seattle Singles › Events
171	Teddy Bear Picnic Day	https://www.kuriose-feiertage.de/tag-des-teddybaer-picknicks/
172	Internationaler Picknick-Tag	R.W. Schulze, Bremen, 2017
172	Fahrradpicknick im Park	https://www.pinterest.d
173	Orgel-Klassik-Konzert und Picknick in Nürnberg-1	https://klassikopenair.nuernberg.de/
174	Alle Fotos zu "harbour bridge picnic 2010"	Fotos 2010 Xinhua/Reuters Photo und DPA

Zu den hier verwendeten „Fremdfotos":

Ausnahmslos alle hier eingesetzten und genutzten Fotos habe nur eine Auflösung von lediglich 72DPI und sind für einen späteren Ausdruck (Print über Drucker) völlig ungeeignet, da sie dann qualitativ in grobe Pixelhaufen „zerfallen". Daher haben wir sie hier eher als grafische Auflockerung und Bebilderung unserer Texte eingesetzt. Durch die explizite Nennung der Bild-Quelle und wenn möglich des Autors/Rechte-Inhabers eröffnen wir hiermit für Interessenten die Möglichkeit einer direkten Kontaktaufnahme mit dem jeweiligen Kreator, um vielleicht für andere Einsätze und Nutzungen höherwertige Auflösungen käuflich zu erwerben! Daher sei hier nochmals bemerkt, dass die Urheberrechte aller hier eingesetzten Fotos, den ausgewiesenen und in der oben gezeigten Liste Personen/Unternehmen gehören!

Schlemmen im Freien - so gelingt das Picknick!

Sie planen einen Ausflug mit Bekannten, Freunden oder der Familie? Egal, mit wem Sie unter freiem Himmel speisen – für ein gelungenes Picknick sind lediglich fünf Punkte wichtig:

- ○ **regenfreies Wetter,**
- ○ **ein gut erreichbarer Platz im Grünen oder am Strand oder Ufer,**
- ○ **geeigneter Proviant zum Mitnehmen,**
- ○ **ein Outdoor-Spiel,**
- ○ **und ein paar Tipps aus diesem eBook/Buch!**

Dann können Sie die nette Gesellschaft, die herrliche Landschaft und die mitgebrachten Köstlichkeiten so richtig genießen.

Viel Spaß!

Romantisches Picknick auf dem Ruderboot mit Koch-Erweiterung

Über dieses Buch:

Titel: **PICKNICK – weltweit und kreativ**
- Geschichte, Tipps, Anregungen & Rezepte -

Autor: Roland W. Schulze, Bremen
1. Auflage in erschienen im Herbst 2018 (DE)

Schon die „alten" Griechen kannten Picknick, und auch später die Römer.
Die eigentlich zweite große Blüte fand vor ca. 200 Jahren, zur Zeit der englischen Königin Victoria, statt. Seit den späten 90ziger Jahren taucht das Picknick in der 3. Blüte wieder auf und zwar in Deutschland, aber auch in vielen anderen Ländern von Finnland bis Neuseeland auf und erfreut sich zunehmender Beliebtheit in breiten Bevölkerungsgruppen.
Was ist das spezielle an Picknick, im Gegensatz zu vielen anderen Freizeit-Aktivitäten, wie Grillen, Reise-Pausen und Kurzzeit-Camping? Wie „geht Picknick"? Was brauche ich dazu an Ausstattung und Wissen? Warum macht das gemeinschaftliche Spielen und Essen in einer Gruppe im Grünen soviel Spaß und wie kann man das noch optimieren?

Die erste große Ausstellung zu Picknick, die 2017 im Frankfurter Museum für „Angewandte Kunst" stattfand, zeigt auch das große Interesse von Bevölkerung, Medien und Werbung.
Außer dem Ausstellungskatalog, fehlt aber bisher noch grundlegende Literatur zu dieser „wieder-erwachten" Freizeitkultur.
Mit diesem Nachschlagewerk soll nun ein Anfang gesetzt werden, diese Lücke zu füllen und das Thema zu ergründen.
Im eBook-Format und als Taschenbuch im DIN-A5-Format mit 228 Seiten, ca. 400 Fotos wurde das Thema "Picknick" umfassend in 24 Kapiteln beschrieben und hier findet man z.B.:

- viele interessante Fakten zur Picknick-Geschichte in verschiedenen Epochen,
- zu Picknick in der Literatur, Kunst, Film, im Guinness-Buch und sonstige Kuriositäten,
- zu den verschiedenen Arten, wie man Picknick veranstalten kann,
- zu Picknick-Zubehör und Ausstattungstipps,
- auch zu „Störfaktoren", die ein Picknick behindern können,
- bis hin zu Rezepten, die sich leicht umsetzen lassen
- und Hinweisen, wie man in anderen Ländern Picknick begeht und was man dort an Speisen bevorzugt.

Viel Spaß und „happy picnic"!

ISBN: 9-783748-151326
Verlag: **Books on Demand (BoD) GmbH**
In de Tarpen 42
22848 Norderstedt
Deutschland
Tel. Zentrale: +49 40 -53 43 35-0
https://www.bod.de/
Buch-Shop: https://www.bod.de/buchshop/

9 783748 151326